Tai Chi

Emil-Hoffmann-Str. 1
D-50996 Köln

Text: Dr. Thomas Methfessel
FOTOLIA – S. 27 (Taolmor), S. 58/59 und Cover
(Chauvin, Yanik), 150/151 (Rinder, Laurin);
JUMP – Cover (Foto unten, kl. Foto ganz rechts)
MEV – S. 6/7, 14/15, 44/45, 96/97, 116/117, 132/133;
TLC Fotostudio – Cover (kl. Fotos: 2. v. links, 2. v. rechts)
TRANSIT – S. 38
Alle anderen Fotos stammen vom Autor

Gesamtherstellung: Naumann & Göbel
Verlagsgesellschaft mbH

ISBN 978-3-625-11860-2
www.naumann-goebel.de

Tai Chi

Körper und Geist im Einklang

Dr. Thomas Methfessel

Inhalt

Einleitung

Einleitung

Seit der Öffnung Chinas in den siebziger Jahren berichten unsere Zeitschriften und Fernsehanstalten häufiger über dieses Land, nicht nur über Politik und Wirtschaft, sondern auch über die jahrtausendealte Kultur und das heutige Alltagsleben. Die Zahl der Reisenden nach China hat sich in den letzten zehn Jahren vervielfacht. Kaum einem der Besucher dürften die großen Gruppen von jüngeren und vor allem auch älteren Menschen morgens in den Straßen und Parks entgangen sein, die für uns fremdartig anmutende, langsame Bewegungsfolgen miteinander üben.

Ob durch die Medien, ob durch eigene Reiseeindrücke oder durch Hinweise auf Kursangebote in unserer Nähe – Tai-Chi, die chinesische Bewegungsmeditation, wird auch hierzulande immer bekannter.

Fernöstliche Kampfsportarten wie das japanische Karate oder das koreanische Taekwondo sind schon seit längerem bei uns heimisch geworden; Judo gehört inzwischen sogar zum Standardprogramm der Olympischen Spiele. Dass auch Tai-Chi eine seiner Wurzeln in der Selbstverteidigung hat, mag denjenigen verwundern, der zum ersten Mal die im Zeitlupentempo ausgeführten, eleganten Bewegungen sieht. Die Bezeichnung »chinesisches Schattenboxen« für das Tai-Chi ist da schon passender.

Wer sich für Tai-Chi interessiert, fragt meistens zuerst nach den gesundheitlichen Wirkungen. Alle Bewegungen beim Tai-Chi können ohne körperliche Überanstrengung durchgeführt werden, da sie langsam und harmonisch sind. Daher gibt es, wenn jemand Tai-Chi lernen möchte, weder eine Altersgrenze noch medizinische Bedenken – selbst im Falle chronischer Erkrankungen wie Krebs oder Arteriosklerose. Ganz im Gegenteil, Tai-Chi hat sich in vielen Fällen als therapeutische Heilgymnastik bewährt und ist eine wirkungsvolle Gesundheitsvorsorge gerade für ältere Menschen, wenn es regelmäßig praktiziert wird. Im alten China wurden schon vor Tausenden von Jahren Übungen entwickelt, die Gesundheit und ein langes Leben zum Ziel hatten, und Tai-Chi steht ganz in dieser Tradition.

Abb. 1: Chinesinnen mit dem Tai-Chi-Schwert

Mit alledem soll nun keineswegs gesagt werden, dass es für jüngere Menschen weniger interessant sei, Tai-Chi zu erlernen. Heute beginnen die Leistungsanforderungen bereits in jungen Jahren, meistens noch in der Schule, und steigen dann im Berufsleben oft drastisch an. Zum Ausgleich für einseitige körperliche und geistige Belastungen betreiben immer mehr Menschen Sport, was sicherlich eine gute Entwicklung darstellt. Doch auch hier rangiert oft die Leistung vor der Freude, die Konkurrenz vor der Gemeinsamkeit. Ein ganzer Zweig der Medizin – die Sportmedizin – lebt heute von den Resultaten einer Überforderung und falschen Behandlung unseres Körpers.

Selbst wer körperlich leistungsfähig ist und sich für »fit« hält, kann sich oft unwohl fühlen. Das mag an einer ungesunden Ernährung liegen oder seine Ursache mehr im seelisch-geistigen Bereich haben, in einem Gefühl der Unzufriedenheit mit sich und dem Leben. Unseren technisch bestens ausgestatteten Krankenhäusern zum Trotz setzt sich immer mehr die Einsicht durch, dass viele Krankheiten psychosomatisch verursacht sind und sich nicht »wegoperieren« lassen.

Der körperliche, geistige und seelische Zustand des einzelnen Menschen ist stets auch ein Abbild der politisch-gesellschaftlichen Situation. Unsere westliche Zivilisation kann zweifelsohne einen hohen Standard in der Technik und einen beachtlichen materiellen Wohlstand vorweisen. Doch zahlt sie auf der anderen Seite einen hohen Preis dafür. Die zunehmende Zerstörung der Natur durch rücksichtslose Industrien, die allen Abrüstungsverhandlungen zum Trotz weiterlaufende Produktion von riesigen Waffenarsenalen, weltweite soziale Ungerechtigkeiten und alljährliche Hungerkatastrophen – all dies zeigt uns doch tagtäglich, dass unsere Welt nicht so ist, wie wir sie uns vielleicht wünschen.

Abb. 2a:
Auch im modernen
Shanghai ...

Abb. 2b:
... wird Tai-Chi als
Volkssport praktiziert

Diese Probleme lassen uns nicht so recht zufrieden werden mit den materiellen Gütern, die uns hier, in einem relativ wohlhabenden Land Westeuropas, zur Verfügung stehen. Immer mehr jüngere wie ältere Menschen fragen sich nach dem Sinn des Lebens und versuchen, ihren eigenen Lebensstil im Rahmen der bestehenden gesellschaftlichen Verhältnisse positiv zu verändern. Sie haben erkannt, dass es mehr bedarf, um glücklich zu sein, als genug Geld zu haben, um gut essen, wohnen und verreisen zu können. Oft geben ein persönliches Unglück oder eine Krankheit den Anstoß dazu, sich neu zu orientieren.

Wer aber damit beginnt, Körper, Geist und Seele wieder stärker ins Gleichgewicht zu bringen, wer nach einem stressfreieren und liebevolleren Umgang mit sich selbst und anderen strebt, der wird durch seine eigene Veränderung stets auch den Menschen in seiner Umgebung einen Anstoß zum Nachdenken geben. Wer sensibler wird für seinen eigenen Körper, der wird auch aufmerksamer werden für alles Leben, gleich, ob von Mensch, Tier oder Pflanze. Wer in sich selbst Entspannung und Frieden findet, der wird kaum zur Zerstörung der Natur beitragen.

Was im Westen weitgehend verloren gegangen ist, können wir vielleicht vom Osten lernen. In der alten chinesischen Philosophie gibt es das Prinzip von Yin und Yang, die als entgegengesetzte Polaritäten alles in Bewegung halten und doch zugleich eine Einheit darstellen. Dabei steht Yin für das passive Prinzip, zum Beispiel für das Weiche, das Dunkle, das Weibliche, während Yang für das aktive Prinzip steht, für das Harte, das Helle, das Männliche.

Die Probleme unserer westlichen Gesellschaft lassen sich etwas vereinfacht vielleicht so zusammenfassen: Das Yang-Prinzip dominiert über das Yin-Prinzip. Gewalt und Macht füllen die Schlagzeilen mehr als Gesten des Friedens, Männer bestimmen noch immer mehr als Frauen,

Abb. 3: Regelmäßiges Tai-Chi harmonisiert den gesamten Organismus

Erfolgsstreben wird mehr anerkannt als ein bescheidenes, ruhiges Leben.

Um diesen Zustand positiv zu verändern, müssten Yin und Yang wieder ins Gleichgewicht gebracht werden, und zwar sowohl im Großen wie im Kleinen, das heißt im öffentlichen Leben genauso wie bei jedem einzelnen Menschen. Wir bräuchten oft mehr innere Gelassenheit (Yin), um in der äußeren Welt sicher und richtig handeln zu können (Yang). Dafür müssen wir für uns einen Weg der Mitte finden.

An dieser Stelle kommen wir zurück zum Tai-Chi und fragen, wie es uns dabei helfen kann.

華嚴寶塔

Herkunft & Entwicklung

Die Grundprinzipien des Tai-Chi sind nur dann richtig zu verstehen, wenn seine Wurzeln in der jahrtausendealten Kulturgeschichte Chinas gesucht werden. Dabei stoßen wir auf drei verschiedene Ansätze, die sich im Laufe der Zeit entwickelt haben:

1. die taoistische Philosophie und damit verbunden taoistische Atem- und Meditationstechniken;
2. die alte chinesische Gesundheitslehre, die besonderen Wert auf Krankheitsvorbeugung legt;
3. die verschiedenen Schulen der geheimen Kampfkünste.

Diese drei Aspekte werden in den folgenden Abschnitten gesondert behandelt, um danach auf die Frage zurückzukommen, welche Bedeutung Tai-Chi heute für uns in der westlichen Welt haben kann.

Abb. 4: Die Harmonie mit der Natur bildet ein zentrales Element im Taoismus

Tai-Chi und die taoistische Philosophie

Den Begriff Tai-Chi kann man unterschiedlich übersetzen. Zunächst einmal bedeutet er »großer Balken, der das Dach des Hauses trägt« und stellt im übertragenen Sinne die Verbindung zwischen Himmel und Erde dar. Die alten Chinesen stellten sich die Erde als eine viereckige Fläche vor, über die sich der Himmel wie eine Kuppel spannt. Er wird durch einen großen Mittelpfeiler getragen, eben das Tai-Chi, der bis tief in die Erde hinabreicht. Genauso soll der Mensch stehen, fest verwurzelt in der Erde und aufgerichtet zum Himmel, zwischen diesen beiden Polen.

太

Tai

極

Chi

In einem philosophischeren Sinne bedeutet Tai-Chi das »erhabene Letzte« oder das »höchste Gesetz«, das auch mit dem Begriff des »Tao« wiedergegeben werden kann. Das Tao steht jenseits aller Beschreibungen als der Uranfang und das Urprinzip der ganzen Schöpfung. Im Deutschen finden sich dafür Übersetzungen wie »Sinn«, »Wort«, »Weg«, »Wahrheit«, »Gott«, die aber alle nur einen Aspekt wiedergeben können. Den Chinesen ist eine Vorstellung von Gott als aktivem Schöpfer fremd. Und so geht das Tao über die Gottesvorstellungen der großen Weltreligionen weit hinaus: Es umfasst alles, was existiert, aber auch alles, was nicht existiert.

Nicht selten finden wir statt »Tai-Chi« auch den längeren Namen »Tai-Chi Chuan« (auch: Taijiquan). Die Silbe »Chuan« bedeutet »Faust« und verweist auf die Herkunft des Tai-Chi als Schule der Kampfkünste. Da heute mehr der Aspekt der Bewegungsmeditation im Vordergrund steht, wird diese Silbe oft weggelassen.

Der Taoismus ist keine Religion im engeren Sinne, sondern kann wie der zeitgleich in China entstandene Konfuzianismus eher als eine Art Lebensphilosophie aufgefasst werden. Als Urheber des Taoismus wird Laotse angesehen, der ebenso wie Konfuzius und Buddha etwa um 500 vor Christus gelebt hat. Während Konfuzius ein strenges System von gesellschaftlicher Hierarchie und Moral entwarf, formulierte Laotse in seinen 81 der Nachwelt überlieferten Versen (dem »Tao Te King«) eine Lehre, die stärker auf innere Besinnung, Harmonie mit der Natur und Gewaltlosigkeit ausgerichtet ist. Um Laotse spinnen sich zahlreiche Legenden, und es ist nicht einmal gesichert, ob er wirklich gelebt hat und der Verfasser dieser Verse war.

Richard Wilhelm, dessen Übersetzung von 1910 wohl die bis heute bekannteste geblieben ist, nannte das »Tao Te King« im Untertitel »Das Buch von Sinn und Leben«. Viele Verse darin bringen die Grundprinzipien des Tai-Chi hervorragend zum Ausdruck, insbesondere der 78. Vers, in dem es heißt:

»Auf der ganzen Welt
gibt es nichts Weicheres
und Schwächeres als das Wasser.
Und doch in der Art,
wie es dem Harten zusetzt,
kommt nichts ihm gleich
Es kann durch nichts verändert werden.
Dass Schwaches das Starke besiegt
und Weiches das Harte besiegt,
weiß jedermann auf Erden,
aber niemand
vermag danach zu handeln.«

Viele der Weisheiten des Taoismus gehen auf ein weitaus älteres Buch der chinesischen Philosophie zurück, nämlich auf das »I Ging«, das »Buch der Wandlungen«. Bereits hier wurde das Prinzip der Polarität allen Seins in der Form einander bedingender Gegensätze, die zugleich Entwicklung ermöglichen, in ein logisches System gebracht. Es würde zu weit führen, hier im Einzelnen auf das »I Ging« einzugehen, doch lassen sich sowohl das Prinzip von Yin und Yang als auch die chinesischen fünf Elemente (siehe Seite 119) aus ihm ableiten. So besteht zum Beispiel das 11. Bild (von insgesamt 64 Bildern) mit der Bezeichnung »Tai – der Friede« (ein anderes »Tai« als bei Tai-Chi) aus einer Kombination von Himmel und Erde, von reinem Yang und reinem Yin.

Ursprünglich waren Yin und Yang geographisch-astronomische Begriffe, die die Sonnenseite (Yang) und die Schattenseite (Yin) beziehungsweise Sommer und Winter, Hitze und Kälte oder die Helle des Tages und das Dunkel der Nacht bezeichneten. Doch lassen sich fast alle Gegensätze in das Yin-Yang-Schema einordnen, wie die nebenstehende Übersicht zeigt.

Tao Te King

Im »Tao Te King«, dem »Buch von Sinn und Leben«, sind bis heute viele Weisheiten des Taoismus nachzulesen, die besonders auf der Lehre von der inneren Besinnung, der Harmonie mit der Natur und der Gewaltlosigkeit beruhen.

陽 陰

Yang **Yin**

Yang	*Yin*
Himmel, Sonne	*Erde, Mond*
Sommer, Wärme	*Winter, Kälte*
Tag, Helligkeit	*Nacht, Dunkelheit*
Feuer, Trockenheit	*Wasser, Feuchtigkeit*
Kraft, Stärke	*Schwäche*
Aktivität, Dynamik	*Passivität, Statik*
Jugend, Wachstum	*Altern, Tod*
männlich	*weiblich*
spitz, hart	*rund, weich*
hoch, voll	*niedrig, leer*
vorn, außen	*hinten, innen*
Brust, Bauch	*Rücken*
Sympathikus	*Parasympathikus*
heiteres Gemüt	*depressives Gemüt*
positiv, weiß	*negativ, schwarz*

Gemäß diesem Schema lassen sich Körperteile, Bewegungsweisen, Nahrungsmittel usw. dem Yin oder dem Yang zurechnen. So ist zum Beispiel Getreide mehr Yang (spitz, dem Himmel zustrebend), während Kartoffeln mehr Yin sind (rund, in der Erde liegend).

Erst das Gegensatzpaar Yin – Yang ermöglicht Entwicklung, so wie Tag und Nacht einander ablösen. Das Ursymbol des Tai-Chi (siehe Abb. 5) bringt dies zum Ausdruck. Es stellte ursprünglich zwei Fische dar, die sich im Kreis bewegen. An der Stelle mit der stärksten Konzentration von »Schwarz« (Yin) findet sich ein kleiner weißer Punkt (Yang) und umgekehrt. Dies soll andeuten, dass auch im äußersten Yin noch ein Stückchen Yang steckt und umgekehrt, so dass es keinen Stillstand geben kann. Es gibt keinen Anfang und kein Ende, sondern nur den ständigen Wechsel von Beginnen und Enden. Es gibt auch kein absolutes »Gut« und »Böse«. In einem steckt stets der Keim des anderen, sie bedingen sich gegenseitig wie die zwei Seiten einer Münze. Harmonie entsteht durch Balance und fließenden Wechsel der gegensätzlichen Polaritäten, was wir später anhand der Tai-Chi-Bewegungen besser nachvollziehen können. Hinter dem stetigen Wandel aber steht der Urgrund, das »Tao« oder »Tai-Chi« als das »höchste Gesetz«.

Abb. 5: Das Tai-Chi-Symbol

Gemäß diesen philosophischen Grundprinzipien wurden vor allem in den taoistischen Klöstern fast 2 500 Jahre lang verschiedenste Übungssysteme, wie auch Qi Gong (siehe Seite 98ff.), entwickelt, die dazu dienten, Körper, Geist und Seele in Harmonie zu halten und Langlebigkeit zu erreichen. Diese Übungen umfassten die Kunst des richtigen Atmens, der meditativen Versenkung und der perfekten Bewegung, bei der die innere Energie (Qi) voll zum Einsatz gebracht wurde. Um einen Zustand der vertieften Ruhe und gedanklichen Leere (Yin) zu erreichen, bedienten die Mönche sich der bewussten Lenkung von Atem und Bewegung (Yang). Damit wurden sowohl im Bereich der Gesundheit als auch im Bereich der Kampfkünste erstaunliche Ergebnisse erzielt.

Tai-Chi und die alte chinesische Gesundheitslehre

Ein guter Arzt zeichnet sich in China bis heute dadurch aus, dass er möglichst keine kranken Patienten hat. Anders formuliert: Der chinesischen Gesundheitslehre liegt ein Konzept zugrunde, das mehr auf die Vermeidung als auf die Behandlung von Krankheiten ausgerichtet ist. Danach kann der Mensch durch regelmäßige körperliche Übungen, ergänzt durch gesunde Ernährung, bis ins hohe Alter kerngesund bleiben.

Weiterhin wird ein traditioneller Arzt in China den Menschen stets als Einheit von Körper, Geist und Seele ansehen, ähnlich unserer Naturheilkunde. Gemäß dem Konzept von Yin und Yang stehen Innen und Außen, Oben und Unten, Vorn und Hinten usw. in Beziehung zueinander, und jeder Teil des Körpers ist mit allen anderen verbunden. Der bekannte Satz »Ein gesunder Geist wohnt in einem gesunden Körper«, der aus der römischen Kultur stammt, kommt der chinesischen Auffassung recht nahe.

Schon vor mehreren tausend Jahren entstand in China das System der Akupunktur. Man entdeckte damals, dass der Mensch von einem Netzwerk aus Energiebahnen überzogen ist, den Meridianen, die wiederum die Verbindung von Hunderten von Akupunkturpunkten darstellen. Alle diese Punkte korrespondieren mit bestimmten äußeren oder inneren Körperteilen.

Yin und Yang

Das Tai-Chi-Symbol vereint die beiden Gegensätze Yin und Yang. Es bringt zum Ausdruck, dass es keinen Anfang und kein Ende, sondern nur den ständigen Wechsel von Beginnen und Enden gibt. Weder ein absolutes »Gut« noch ein absolutes »Böse« existieren, stattdessen entsteht Harmonie durch Balance und den fließenden Wechsel der gegensätzlichen Polaritäten.

Es gibt 12 Hauptmeridiane, die jeweils einem Organ (Herz, Lunge, Leber, Magen usw.) oder einer Funktion (Kreislauf, Stoffwechsel) zugeordnet werden; dazu gibt es noch zwei zentrale Energiekanäle (siehe Seite 113 f.) und zahlreiche andere Sondermeridiane.

Bei uns ist seit einigen Jahren die Behandlung von Krankheiten durch das gezielte Einstechen von Nadeln in bestimmte Akupunkturpunkte bekannter geworden, ebenso die Akupressur (japanisch »Shiatsu«), eine Massagetechnik, die auf demselben System aufbaut.

Dieses Konzept von Körperenergien hat sich bisher im Westen trotz aller Erfolge noch relativ wenig durchgesetzt, wohl deshalb, weil die Meridiane kein physisch greifbares Netz bilden, wie zum Beispiel die Blutgefäße oder die Nervenbahnen. Inzwischen jedoch lassen sie sich eindeutig als feine elektrische Körperströme messen, so dass jeder Zweifel daran geradezu absurd erscheint.

Diese Körperenergie oder Lebenskraft, von der hier die Rede ist, wird im Chinesichen mit dem Begriff »Qi« (Ch'i) bezeichnet. Qi lässt sich aber nicht nur mit »Energie« übersetzen, sondern auch mit »Luft« und ist daher unmittelbar mit der Atmung verbunden. Jedoch existiert Qi nicht nur im menschlichen Körper, sondern in der gesamten Natur.

Über die Atmung vollzieht sich aber der wichtigste energetische Austausch des Menschen mit seiner Umwelt. Auf feste Nahrung können wir für einige Wochen ver-

Abb. 6: Tai-Chi ist im Tagesablauf vieler Chinesen fest verankert

zichten, auf flüssige Nahrung für einige Tage, auf die Atemluft aber nur für wenige Minuten. Auch in anderen Kulturen gibt es Begriffe für die Verbindung von Luft, Atmung und innerer Energie, so zum Beispiel das indische »Prana«, das japanische »Ki«, das altgriechische »Pneuma« oder das germanische »Odem«.

Diese Qi-Energie zirkuliert auf den Meridianen im Körper und versorgt alle Organe mit frischer Lebenskraft. Ist sie blockiert, entstehen Krankheiten, die entweder auf einem Übermaß (Fülle) oder einem Mangel (Leere) von Qi in bestimmten Bereichen des Körpers basieren.

Auch hier finden wir wieder das Konzept von Yin und Yang; mit dem Ausatmen wird altes Qi ausgestoßen und mit dem Einatmen neues Qi aufgenommen. Damit ist aber keineswegs nur die Atemluft gemeint, sondern die gesamte Energie, die durch den Austausch über die Lungen im Körperinneren in Bewegung gesetzt wird und sämtliche Zellen mit frischer Lebenskraft versorgt.

Schon vor Tausenden von Jahren wurden deshalb in China spezielle Körperübungen entwickelt, die Bewegung und Atmung so miteinander verbinden, dass sich die Qi-Energie frei bewegen kann und Yin und Yang in Harmonie miteinander kommen.

Eine der ältesten Überlieferungen geht zurück auf Huang Ti, den sagenumwobenen »Gelben Kaiser«, der

China ein ganzes Jahrhundert lang (etwa von 2700 bis 2600 vor Christus) regiert haben soll. Er führte ein Übungssystem ein, das Krankheiten beseitigen und ein langes Leben garantieren sollte. Es wurde »Tao Yin« genannt, was so viel heißt wie »Übungen zum Leiten und Dehnen«, und mit ihm sollte eine bewusste Lenkung der Qi-Energie erreicht werden. Außerdem hält man Huang Ti für den Verfasser von Chinas ältestem Medizinbuch. Darin fragt er seinen Armeearzt Chi Po: »Ich habe gehört, dass in früheren Zeiten die meisten Menschen, nachdem sie 100 Jahre gelebt hatten, immer noch kräftig und stark waren. Heute sind viele Menschen schon mit 50 Jahren sehr schwach. Warum? Sind die Umstände der Zeit daran schuld oder sind die Menschen selbst anders?«

Chi Po antwortete, dass die Vorfahren das Tao der Gesundheit kannten. Sie folgten immer dem Prinzip von Yin und Yang. Ihre Ess- und Trinkgewohnheiten waren maßvoll, sie hatten regelmäßige Zeiten der Arbeit und der Ruhe und sie überarbeiteten oder erschöpften sich nicht. Deshalb waren Körper und Geist bei ihnen in Harmonie, und sie waren fähig, ein hohes Alter zu erreichen. Chi Po fährt fort, dass die Weisheit der Alten offensichtlich verloren gegangen sei und dass die Menschen nicht mehr so lange leben, weil ihre Lebensweise sich verschlechtert habe.

Treffen diese Sätze nicht die Probleme unserer heutigen Zeit wie den Nagel auf den Kopf?

Im 2. Jahrhundert nach Christus lebte der berühmte chinesische Arzt Hua Tuo, der verschiedene schon länger bekannte Techniken der Nachahmung von Tierbewegungen zu einem geschlossenen Übungssystem zusammenfasste. Er nannte es das »Spiel der fünf Tiere« (nämlich Tiger, Hirsch, Bär, Affe und Vogel) und empfahl es, um die Gelenke beweglich zu halten und Verspannungen im Körper entgegenzuwirken. Offensichtlich waren solche aus der Beobachtung gewonnenen Kenntnisse über natürliche Bewegungsweisen eine wesentliche Grundlage für heilgymnastische Übungen.

In den Bezeichnungen einzelner Figuren der Tai-Chi-Formen (zum Beispiel »Der Kranich breitet seine Flügel aus«) spiegelt sich bis heute diese Wurzel wider. Hua Tuo wird die folgende Aussage zugeschrieben: »Der menschliche Körper will Arbeit und Bewegung haben, nur sollen diese nicht bis an die Grenze des Könnens getrieben werden. Wenn der Körper in Tätigkeit ist, verdaut er die Nahrungsstoffe und das Blut durchströmt ihn, so dass keine Krankheit entstehen kann, genau wie eine Türangel, die nie verfault.«

Später wurden alle diese heilgymnastischen Übungsfolgen unter der Bezeichnung Qi Gong zusammengefasst, was so viel heißt wie »Arbeit mit der inneren Energie« (siehe Seite 98 ff.). Außer zu Akupunkturbehandlung und Bewegungsübungen findet man alte chinesische Texte und Überlieferungen auch über Kräutermedizin und Pulsdiagnose, über Gesundheitskost und sexuelle Praktiken, worauf hier nicht weiter eingegangen werden kann. Allen aber ist gemein, dass sie die Einheit zwischen Mensch und Natur (Kosmos, Tao) betonen sowie die Harmonie von Yin und Yang.

Diese Techniken zur Gesundheitspflege gehen einher mit dem Bestreben der Taoisten, ihren Körper und Geist so zu vervollkommnen, dass er »unsterblich« werde. Es gibt Legenden von Meistern, die weit über 200 Jahre alt geworden sein sollen. Wenn dies auch nicht unser Ziel sein mag, so können wir doch zumindest lernen, dass regelmäßige körperliche und geistige Übungen den Alterungsprozess stark verlangsamen. Nach chinesischer Auffassung sollte damit aber nicht erst im Alter, sondern möglichst schon in den Jahren der Kindheit und Jugend begonnen werden, so dass sich positive Gewohnheiten der Lebensführung einstellen.

Gesundheit und Lebensfreude können nur durch eigenes Bemühen erreicht und erhalten werden – das sollten wir uns als die Quintessenz der alten medizinischen Weisheiten Chinas aneignen. Dem Patienten kommt dabei keine passive, sondern eine aktive Rolle zu; letztlich kann er sich nur selbst heilen.

Tai-Chi und die Schulen der Kampfkunst

Die taoistischen Meister strebten nicht nur die »Unsterblichkeit« des Körpers an, sondern auch seine »Unangreifbarkeit«. So wurden in geheimen Schulen fast übermenschlich erscheinende Fähigkeiten in der Kampfkunst entwickelt. Laotse soll einmal gesagt haben: »Ich habe gehört, dass derjenige, der es versteht, seine Lebenskraft zu erhalten, auf Reisen weder Nashörner noch Tiger fürchtet und im Kampf weder Panzer noch Waffen trägt. Denn das Nashorn würde bei ihm keine Stelle finden, an der es ihn mit seinem Horn durchbohren könnte, der Tiger fände keine Möglichkeit, seine Krallen in ihn zu schlagen, dem Krieger gelänge es nicht, ihn mit seiner Klinge zu durchdringen. Warum? Weil es in ihm keine Stelle für den Tod gibt.«

Die Kampfkünste werden seit über 3000 Jahren in China gepflegt. Vor allem waren es die taoistischen und buddhistischen Klöster, in denen Selbstverteidigung mit Gesundheitsübungen und Meditation verbunden wurde. Besonders berühmt wurde das Shaolin-Kloster in der Provinz Henan, in dem verschiedene Formen von Faustkampf und Umgang mit Waffen gelehrt wurden. Dieses etwa 500 nach Christus gegründete Kloster gilt als die Wiege des Zen-Buddhismus in China. Man geht heute davon aus, dass der Shaolin-Faustkampf zunächst als körperlicher Ausgleich für stundenlange Meditation im Sitzen diente. Die Kampfszenen in südostasiatischen Kungfu-Filmen finden hier ebenso ihren Ursprung wie die zum Teil artistisch wirkenden Darbietungen der Peking-Oper.

Im Gegensatz zu den Kampftechniken der »Äußeren Schule« entwickelte sich die »Innere Schule«, die vor allem auf den Taoisten Zhang San-Feng (ca. 13. Jahrhundert nach Christus) zurückgeführt wird. Der Legende nach beobachtete er, der lange Zeit als Einsiedler in den Bergen lebte, eines Tages den Kampf zwischen einer Schlange und einem Kranich, der ihn sehr inspirierte. Dabei erwies sich nämlich die Geschmeidigkeit der Schlange gegenüber den harten Attacken des Kranichs als überlegen. Später soll Zhang San-Feng eine Schrift über 13 Grundstellungen und Bewegungsformen verfasst haben, aufgrund derer man ihn als den Begründer des Tai-Chi Chuan ansieht. Im Unterschied zur Shaolin-Schule basiert Tai-Chi Chuan nicht auf Härte, Schnelligkeit und Muskelkraft, sondern auf Weichheit, Geschmeidigkeit und dem Einsatz der Qi-Energie.

Beim Tai-Chi Chuan werden die Glieder niemals durchgestreckt, alle Bewegungen verlaufen kreisförmig und verlassen nicht den Umkreis einer imaginären Kugel, deren Durchmesser von der Körpergröße bestimmt wird. Dadurch ist ein Höchstmaß an Stabilität und Flexibilität gewährleistet und gegnerische Angriffe können leicht ins Leere abgelenkt werden. So erwiesen sich Meister der »Inneren Schule« oft als überlegen gegenüber den Vertretern der harten Kampftechniken.

Eine genauere Überlieferung der Tai-Chi-Techniken gibt es seit Chen Wang-Ting (1597–1664), der als Begründer des bis heute bestehenden Chen-Stils gilt. Dieser Stil bildet zugleich die Wurzel für alle anderen Stilrichtungen des Tai-Chi, die sich seither daraus entwickelt haben.

Damals waren die Tai-Chi-Übungen eine streng gehütete Geheimlehre, die nur innerhalb der Familie an auserwählte Schüler weitergegeben wurde. Chen Wang-Ting war ursprünglich ein hoher kaiserlicher Armeeoffizier aus der Provinz Henan, der nach der Machtergreifung der mandschurischen Qing-Dynastie möglicherweise am Widerstand gegen diese Fremdherrschaft beteiligt war.

Tai-Chi: Die Basis

Tai-Chi Chuan basiert vor allem auf Weichheit, Geschmeidigkeit und dem Einsatz der Qi-Energie. Waren die Tai-Chi-Übungen vormals eine streng gehütete Geheimlehre, die nur innerhalb der Familie an Auserwählte weitergegeben wurde, so praktizierte Yang Lu-Chan als Erster das Tai-Chi öffentlich in Peking.

Die Grundprinzipien

Folgende Sätze bringen die Grundsätze des Tai-Chi gut zum Ausdruck:

»Das Starke und Harte durch das Schwache und Weiche überwinden.«

»Die Wucht von einer Tonne mit einer Unze zurückweisen.«

»Anpassung an den Stil des Gegners, um ihn mit seinen eigenen Waffen zu schlagen.«

»Jeder Schritt so ruhig wie das Schleichen einer Katze.«

Abb. 7:
Tai-Chi steht in der Tradition der alten chinesischen Kultur

Erst 200 Jahre später schaffte es Yang Lu-Chan (1799–1872), in das Familiengeheimnis der Chen einzudringen, indem er sich als angeblich taubstummer Diener in ihrem Haus in der Provinz Henan einstellen ließ. So konnte er jahrelang unentdeckt die Übungen beobachten, um sie allabendlich in seiner Kammer zu wiederholen. Als er dann eines Tages doch entdeckt wurde, waren seine Fähigkeiten bereits so perfekt, dass er vom Meister Chen Chang-Xing (1771–1853) als Schüler angenommen wurde. Yang Lu-Chan erhielt später den Beinamen »der Unbesiegbare«, da er in seinem ganzen Leben keinem anderen Meister unterlag. Auf ihn lässt sich die heute am weitesten verbreitete Stilrichtung des Tai-Chi, der Yang-Stil, zurückführen. Yang Lu-Chan war auch der erste Meister, der öffentlich in Peking Tai-Chi unterrichtete. Er führte das Tai-Chi gemäß älteren Überlieferungen wieder auf eine ununterbrochene Folge von langsamen, fließenden Bewegungen zurück und verzichtete auf die schnellen Sprünge des Chen-Stils.

Unter seinem Enkel Yang Cheng-Fu (1883–1936) wurde der Yang-Stil, so wie wir ihn heute kennen, weiter ausgearbeitet und in ganz China verbreitet. Es entstand eine festgelegte Form von Bewegungsbildern, von der heute wiederum zahlreiche Varianten in Länge und Reihenfolge der Figuren existieren. Diese lassen sich auf die Abwandlungen der verschiedenen Meisterschüler von Yang Cheng-Fu zurückführen.

Auf der Grundlage des Yang-Stils entwickelten sich noch andere Stilrichtungen, wie der Wu-Stil, der heute nach dem Yang-Stil am weitesten verbreitet ist, der Sun-Stil, der einige schnellere Elemente aufweist, und ein zweiter Wu-Stil, der auch Hao-Stil genannt wird.

Insgesamt soll es 20 Stile des Tai-Chi geben, darunter den auch im Westen vertretenen Lee-Stil und zahlreiche Variationen der fünf genannten Stilrichtungen durch chinesische Tai-Chi-Meister im Osten und im Westen.

Trotz aller Unterschiede ist den verschiedenen Tai-Chi-Stilen doch das Grundprinzip der weichen, harmonischen Bewegungen bei gleichzeitiger Balance und Stabilität eigen.

In China gibt es eine lange Tradition darin, dass verschiedene Schulen nebeneinander bestehen, sich gegenseitig befruchten und miteinander wetteifern. Einen Anspruch auf die »richtige Lehre«, die »authentische« Stilrichtung hat keine von ihnen erhoben. Dies ist wohl eher eine Erscheinung, die sich jetzt bei uns im Westen breit macht.

Eine der Bezeichnungen für Tai-Chi war anfangs »langes Boxen«, weil es dem Fließen eines langen Flusses gleicht, dessen Energie nie ganz verausgabt wird. Die Bezeichnung »Schattenboxen« hat sich bis heute erhalten. Der Name »Tai-Chi Chuan« für diese Art von Kampfkunst geht auf einen Meister des 16. Jahrhunderts zurück, der sie mit der Yin-Yang-Lehre und der Tai-Chi-Philosophie vom Uranfang allen Lebens in Verbindung brachte.

Abb. 8: Qi-Gong-Übungen am frühen Morgen in Shanghai

Dass die Silbe »Chuan« heute vielfach weggelassen wird, ist ein Anzeichen dafür, dass der Selbstverteidigungsaspekt mit der Zeit an Bedeutung verloren hat. Doch weisen die Namen einzelner Figuren wie Fauststoß, Fersentritt usw. immer noch auf die historischen Wurzeln in den Kampfkünsten hin. Bis heute haben sich auch Schwert-, Säbel- und Stockformen erhalten, bei denen diese Waffen gleichsam als Verlängerung des Arms in die einzeln ausgeübten harmonischen Bewegungsfolgen einbezogen werden und deren Ästhetik sogar noch steigern.

Tai-Chi als »Volkssport«

Überall, wo Chinesen leben, begegnet man auch Tai-Chi. Meist wird es morgens in Parks, auf Plätzen und an Tempeln ausgeübt. Man geht hin und macht mit, bis man die Bewegungsfolgen erlernt hat. Dabei gibt es keine institutionalisierten Meister-Schüler-Beziehungen. Tai-Chi ist zu einer Massenkultur geworden, die Gesundheitsübung, Atemmeditation und Kampfelemente integriert. Daneben gibt es natürlich weiterhin einzelne Meister, die die »hohe Schule« des Tai-Chi Chuan pflegen und es über Jahrzehnte des Übens zur Perfektion in der Ausführung der Formen und bei der Entwicklung ihrer inneren Kraft gebracht haben.

Nach der Gründung der Volksrepublik China im Jahre 1949 wurde die Ausbreitung des Tai-Chi von der Regierung stark gefördert. In den fünfziger Jahren wurde die aus 24 Figuren bestehende Peking-Form als eine einfache Standardform ausgearbeitet, die in relativ kurzer Zeit von jedermann erlernt werden kann. Dazu erschienen zahlreiche Veröffentlichungen über Tai-Chi, die vor allem die Verbesserung des allgemeinen Gesundheitszustands der Bevölkerung zum Ziel hatten. Während der Phase der Kulturrevolution war das Üben von Tai-Chi zeitweilig verboten und es wurde nur in privaten Bereichen betrieben. Ab Ende der siebziger Jahre aber lebte Tai-Chi in seiner ganzen Vielfalt wieder auf, 1984 gab es sogar einen internationalen Tai-Chi-Kongress in Wuhan.

Abb. 9: Seit den achtziger Jahren wird Tai-Chi auch im Westen immer beliebter

Im Westen breitete sich Tai-Chi in den letzten zwanzig Jahren immer stärker aus, zunächst in den USA und dann auch in Europa. Ausgangspunkt waren einige chinesische Lehrer oder Menschen aus dem Westen, die Tai-Chi in China erlernt hatten. Seine Grundprinzipien von Geschmeidigkeit, Weichheit und langsamem Bewegungsfluss wirken dem Grundmuster unserer Leistungsgesellschaft (Konkurrenz, Alltagsstress und Konsumorientierung) direkt entgegen. Einer meiner chinesischen Tai-Chi-Lehrer sagte einmal, dass es gerade die Deutschen besonders nötig hätten, sich Tai-Chi zu eigen zu machen.

Vielleicht sollten wir nicht mehr den Fußballstar, das Tennis-As, den Boxchampion oder den Rennfahrer mit ihren professionellen Trainingsprogrammen, leistungsfördernden Drogen und finanziellen Sponsoren zu unseren Idealen machen, sondern lieber den ganz normalen Mann und die ganz normale Frau, die Gelassenheit und Kraft, Ästhetik und Energie ins Gleichgewicht zueinander bringen und sich im Einklang mit der Natur ihres Körpers bewegen, statt ihn durch Höchstleistungen zu überfordern.

Männer fühlen sich bei uns nach wie vor eher von kraft- und leistungsbezogenen Sportarten angezogen, während Frauen im tänzerisch-gymnastischen Bereich dominieren. Doch wird die Leistungssportlerin, die Eigenschaften trainiert, die als typisch männlich gelten, viel eher von der Gesellschaft akzeptiert als der Mann, der harmonische Bewegungen übt, wie zum Beispiel bei Tai-Chi oder Yoga, die als eher weiblich angesehen werden. Dennoch geht der Trend der letzten Jahre dahin, dass der prozentuale Anteil von Männern in Tai-Chi-Kursen deutlich steigt. Mitunter ist die Relation von Frauen und Männern sogar ausgeglichen.

Der Weg ist das Ziel

Bei Tai-Chi treten die alltäglichen Komponenten des Leistungsdrucks, des Konkurrenzkampfes und der Konsumorientierung in den Hintergrund. Es geht nicht darum, eine bestimmte Leistung zu erbringen oder sich mit anderen zu messen – Ziel ist hier das entspannte tägliche Üben, die langsame Bewegung. Der Weg wird zum Ziel!

Durch Tai-Chi könnte es uns gelingen, unsere beiden Seiten – Weiblichkeit und Männlichkeit, Yin und Yang – mehr ins Gleichgewicht zu bringen. Männer können sich vor allem in Weichheit, Sanftheit und Eleganz üben, während Frauen den Schwerpunkt auf Standfestigkeit, Ausbalanciertheit und energetische Kraft legen können. Gemeinsam entdecken alle neue Seiten an sich selbst und erleben einen stressfreieren, gewaltloseren und liebevolleren Umgang mit dem eigenen Körper.

Sich langsam wie in Zeitlupe zu bewegen ist allein schon eine Herausforderung in unserer schnelllebigen Zeit. Ziel ist es hier nicht, eine bestimmte Leistung zu erbringen oder sich mit anderen zu messen, sondern der Weg, das tägliche Üben, ist selbst zum Ziel geworden.

Mit der Zeit wird sich durch Tai-Chi der allgemeine Gesundheitszustand verbessern, man fühlt immer mehr Energie in sich und schließlich entsteht so etwas wie eine heitere Gelassenheit als Grundzustand.

Im Alltagsleben haben wir nicht so sehr mit gewalttätigen körperlichen Attacken zu rechnen als vielmehr mit versteckten, oft boshaften Angriffen und Sticheleien in Wort und Tat, die uns Ärger, Sorgen und Angst bereiten. Wie viel einfacher wäre es doch, wenn wir diesen negativen Energien einfach ausweichen und sie ebenso an uns vorbeileiten könnten, wie das seit Jahrhunderten beim Tai-Chi unter dem Aspekt der Selbstverteidigung geübt wird. Tai-Chi kann uns sicherlich dabei helfen!

Wenn wir mehr in unserer Mitte zentriert sind, kann uns so leicht nichts erschüttern; wenn wir weicher und beweglicher werden, kann uns so schnell nichts umwerfen. Vielleicht ist diese Wirkung von Tai-Chi gerade in unserer Zeit und in unserer Gesellschaft besonders wichtig und macht es zu weit mehr als zu einem neuen »Volkssport«.

Gesundheitliche Effekte

Durch regelmäßiges Üben von Tai-Chi wird der gesamte menschliche Organismus harmonisiert. Jahrelang verfestigte Fehlhaltungen, Verspannungen und Krankheitssyndrome werden positiv beeinflusst. Man darf keine Wunder nach wenigen Wochen erwarten, aber dafür sind die längerfristigen Wirkungen um so sicherer.

Über die Verbesserung der Körperhaltung ist es auch möglich, an seelischen Blockaden zu arbeiten. Aufgestaute Energie kommt wieder ins Fließen und man erlebt sich allmählich als neuen, oder besser, als erneuerten Menschen. Dabei gibt es prinzipiell keine Altersgrenzen; in China wird Tai-Chi auch noch von Achtzigjährigen ausgeübt.

Durch die konzentrierte Wahrnehmung des eigenen Körpers erfahren wir beim Tai-Chi, was uns an einer natürlichen Bewegungsweise hindert. Wir werden uns bewusster über eingefahrene schlechte Angewohnheiten, wie wir Dinge im Alltag tun, sei es beim Sitzen am Schreibtisch, vor dem Fernsehapparat und im Auto oder beim Stehen an der Werkbank, hinter der Ladentheke und am Spülbecken. Wenn wir uns selbst aufmerksamer beobachten, dann haben wir auch die Möglichkeit, eingeschliffene Fehler zu korrigieren und durch eine gesündere, natürlichere Haltung, Bewegung und Atmung zu ersetzen.

So erlebte ich zum Beispiel an mir, dass Verspannungen in meiner rechten Schulter, die öfter zu Kopfschmerzen führten, von falschen Gewohnheiten herrührten, die sich bis in meine Kindheit zurückverfolgen ließen. Ausgelöst durch das Üben von Tai-Chi fing ich eines Tages an, Freunde dabei zu beobachten, wie sie ihren Löffel zum Mund führen und sich die Zähne putzen, und lernte sozusagen neu, diese Bewegungen unverkrampft auszuführen.

Der Bewegungsapparat

Tai-Chi trainiert Muskeln, Sehnen und Gelenke optimal. Während wir zum Beispiel beim Jogging nur vorwärts laufen und die Knie durch den Aufprall des Körpergewichts bei jedem Schritt belasten, bewegen wir uns bei Tai-Chi auf einer Ebene, auch rückwärts und seitlich, drehen uns und stehen auf einem Bein. So werden die Fuß-, Knie- und Hüftgelenke sanft massiert und die gesamte Fußmuskulatur wird gekräftigt. In der Regel spürt man bald beim normalen Gehen den Kontakt zur Erde viel deutlicher als zuvor. Durch die kreisförmigen Bewegungen der Arme werden auch die Gelenke in den Schultern, Ellenbogen, Händen und Fingern gelockert, so dass alle Bewegungen harmonischer und mit wesentlich weniger Kraftaufwand ausgeführt werden können.

Besonders förderlich wirkt sich Tai-Chi auf die Wirbelsäule aus. Da wir in den Knien einsinken und das Becken leicht nach vorn kippen, werden die Lendenwirbel entlastet und gestreckt (siehe Abb. 12). Ein Teil des Gewichts, das die Wirbelsäule in diesem empfindlichen

Abb. 10: Tai-Chi kann problemlos auch von älteren Menschen betrieben werden

Bereich zu tragen hat, wird an die Oberschenkel abgegeben, was sich nach den ersten Übungsstunden meist als Muskelkater in den Beinen bemerkbar macht. Die gesamte Wirbelsäule wird leicht gedehnt, indem wir uns vorstellen, dass zwei Kräfte an ihren Enden ansetzen und sie nach oben (Himmel) beziehungsweise nach unten (Erde) ziehen. Bei Bandscheibenproblemen und Verkrümmungen der Wirbelsäule (Skoliose, Lordose, Kyphose) macht sich ein angenehm wirkender Entlastungseffekt bemerkbar.

Oft haben Menschen, die überwiegend im Sitzen arbeiten, einen gekrümmten Rücken, verbunden mit eingesunkenen Schultern, die den Atemraum einengen, und einem nach vorn überhängenden Kopf, der Nackenschmerzen verursacht. Durch Tai-Chi wird die gesamte Rückenmuskulatur gekräftigt, ohne dass wir dabei ins entgegengesetzte, militärische Extrem »Brust raus, Bauch rein« verfallen. Die Bauchorgane sollen ebenso wie die Lunge wieder mehr Platz bekommen, wenn wir unseren Oberkörper aufrichten. Die gesamte Körperenergie kann freier zirkulieren, wenn wir dazu auch noch den Kopf gerade halten und geradeaus schauen.

Atmung und Kreislauf

Die richtige Atmung spielt in allen chinesischen Gesundheitsübungen eine große Rolle; auf ihren Zusammenhang mit der Qi-Energie wurde schon im vorangegangenen Kapitel eingegangen.

Bei Tai-Chi soll ruhig und tief, gleichmäßig und sanft geatmet werden. Die meisten Menschen atmen zu flach, was durch eine schlechte Körperhaltung noch verstärkt wird. Je angespannter sie sind, desto mehr verlagert sich die Atmung in den oberen Teil des Brustraums.

Bei Tai-Chi wird die Bauchmuskulatur gelockert, so dass tief in den Bauch hineingeatmet werden kann. Die Atmung erfolgt überwiegend durch eine Auf- und Abbewegung des Zwerchfells, was zu ständig wechselnden Druckverhältnissen im Bauchraum führt. Dadurch werden die Bauchorgane sanft massiert, die Verdauung gefördert und das Herz entlastet.

Tai-Chi: Die Wirkung

Tai-Chi trainiert Muskeln, Sehnen und Gelenke auf eine schonende und sanfte Art. Die dabei praktizierte aufrechte und entspannte Körperhaltung fördert die Vertiefung der Atmung, die sich wiederum beruhigend auf das Nervensystem auswirkt. So beeinflusst Tai-Chi den gesamten Organismus des Menschen positiv.

Die Atmung soll sich beim Tai-Chi auf natürliche Weise den Bewegungen des Körpers anpassen; dazu soll sie weder willentlich forciert noch verlangsamt werden. Erst wenn man die Bewegungen erlernt hat, kann man sich etwas mehr auf die Atmung konzentrieren. Günstig ist es allerdings, wenn von Anfang an gesonderte Atemübungen begleitend zu den Tai-Chi-Figuren ausgeführt werden.

In der Vorstellung wird der Atem in das Dan Tian (deutsch: »Zinnoberfeld«) gelenkt, das sich im unteren Bauchraum befindet und das wichtigste Energiezentrum im Körper darstellt. Hier wird die Qi-Energie gesammelt und kann sich dann durch den gesamten Organismus ausbreiten. Mit diesem Energiezentrum wird auch in den harten fernöstlichen Kampfsportarten (»Hara«) oder im indischen Yoga (»zweites Chakra«) gearbeitet.

Mit fortschreitender Übung des Tai-Chi wird sich die Atmung von allein vertiefen, was durch die aufrechte und entspannte Körperhaltung gefördert wird. Die Lungenkapazität wird besser genutzt, und es gelangt mehr Sauerstoff in die Blutbahnen. In Verbindung mit den langsamen und kontinuierlichen Bewegungen verbessert sich durch die Bauchatmung auch die Blut- und Lymphzirkulation. Frische Energie kann in alle Teile des Körpers strömen, so dass man sich stärker belebt fühlt. Übermäßige Anstrengungen wie im Leistungssport, die zu Verkrampfungen, schnellem Pulsschlag und gerötetem Kopf führen, sind dem Tai-Chi fremd.

Durch Tai-Chi wird der Blutdruck reguliert und das Herz entlastet. Nach einer Untersuchung in China an älteren Menschen zwischen 50 und 89 Jahren weisen Tai-Chi-Übende vor allem hinsichtlich den Krankheiten Hypertonie (Bluthochdruck) und Arteriosklerose (Arterienverkalkung) deutlich günstigere Werte auf als Vergleichspersonen. Auch westliche Ärzte empfehlen mäßige körperliche Übungen für Personen, die besonders von Herzkrankheiten bedroht sind.

Konzentration ist wichtig

Bei Tai-Chi werden ungewohnte und komplexe Bewegungsabläufe ausgeführt. Unsere volle geistige Aufmerksamkeit ist deshalb während der Übungen vonnöten. Durch solch eine Konzentration auf die Bewegung können andere Gedanken ausgeschaltet werden. Wir sind beim Tai-Chi hellwach im Hier und Jetzt.

Das Nervensystem

Tai-Chi bewegt nicht nur Muskeln und Gelenke und vertieft die Atmung, sondern es wirkt auch außerordentlich beruhigend auf das gesamte Nervensystem. Zugleich steigert es die körperliche und geistige Reaktionsfähigkeit. Die aufrechte Körperhaltung unterstützt die Funktion der zentralen Nervenkanäle längs der Wirbelsäule. So kann mehr Energie aus dem Bauch in den Kopf gelangen, was nach den alten Tai-Chi-Meistern die Vorbedingung für eine Verjüngung des Körpers ist.

Ausgehend vom Gehirn, reguliert das zentrale Nervensystem alle anderen Systeme und Organe im Körper und steuert alle Aktivitäten des Menschen. Da bei Tai-Chi ungewohnte und komplexe Bewegungsabläufe ausgeführt werden, ist die volle geistige Aufmerksamkeit notwendig. Es heißt, dass während der Übung »der Körper dem Geist folgt«.

Wir müssen die Bewegungen von Rumpf, Beinen, Armen und Augen auf harmonische Weise miteinander koordinieren und bei den häufigen Verlagerungen des Körpergewichts stets das Gleichgewicht bewahren. Dadurch werden vor allem die motorischen Zentren des Großhirns beansprucht, während seine übrigen Teile sich erholen können. So werden durch die Konzentration auf die Bewegung andere Stressfaktoren wie belastende Gedanken und seelische Probleme ausgeschaltet, und wir sind ganz hellwach im Hier und Jetzt.

Das Gefühl einer gesteigerten Wahrnehmung unseres Körpers verbindet sich mit einer wohltuenden Ruhe, die durch harmonische Bewegungen und tiefe Atmung entsteht. So wird jeder, der sich in Tai-Chi übt, nach einiger Zeit eine gelassenere und heitere Grundstimmung erleben und immer mehr davon in seinen Alltag mit hineinnehmen können. Selbst von Anfängern habe ich öfter gehört, dass sie sich am Tag nach der Tai-Chi-Übungsstunde als ausgeglichener und weniger leicht reizbar erlebt haben. Die psychologische Aufheiterung hat wiederum heilsame Auswirkungen auf die physiologischen Prozesse und auf chronische Erkrankungen.

Sonstige Wirkungen

Tai-Chi wirkt sich auf den gesamten Organismus des Menschen günstig aus. Neben den bereits genannten Wirkungen ist es auch für die Verdauung, den Stoffwechsel, das Drüsensystem und die inneren Organe förderlich. Die positive Beeinflussung des vegetativen Nervensystems hilft bei der Funktionsregulierung von Magen, Darm, Leber und Nieren ebenso wie die harmonisierenden Körperbewegungen. Auf den mechanischen Massageeffekt der Zwerchfellatmung auf die Bauchorgane wurde bereits hingewiesen.

Eine gute Aufnahme der Nährstoffe aus unserer Nahrung und die Ausscheidung der Ballaststoffe sind eine Voraussetzung für Gesundheit und gesteigerte Energie. Tai-Chi hilft bei Magenverstimmung und Darmverstopfung und fördert den Stoffwechsel von Fett, Eiweiß, Kohlenhydraten, Kalium und Kalzium. Nach der erwähnten medizinischen Untersuchung soll unter anderem der Cholesterinspiegel im Blut sinken und die Substanz der Knochen auch im Alter besser erhalten bleiben.

Schließlich soll Tai-Chi auch die Funktionsweise der Drüsen fördern, die durch die Abgabe von Hormonen vielerlei Prozesse im Körper beeinflussen, vor allem die sexuelle Kraft, die Abwehr von Krankheiten und den Alterungsprozess.

Gesundheit und Lebensfreude sind von einem harmonischen Zusammenspiel aller Bestandteile und Kräfte in Körper, Seele und Geist des Menschen abhängig. Tai-Chi wirkt auf den Organismus als Ganzheit, es bringt die körpereigene Energie besser zum Fließen und führt zu mehr psychischer Ausgeglichenheit. Wer regelmäßig Tai-Chi praktiziert, soll nach chinesischer Auffassung »den Geistesfrieden eines Weisen, die gesundheitliche Robustheit eines Holzfällers und die Gelenkigkeit eines Babys« bekommen.

Damit gehen wir nun zum praktischen Teil über, in dem die einzelnen Aussagen über die gesundheitlichen Wirkungen von Tai-Chi durch Übungsanweisungen vertieft werden.

Abb. 11: Inneres Gleichgewicht, Körperbeherrschung und Harmonie sind die Ziele des Tai-Chi

Vorübungen

Bevor wir mit dem Üben einer Tai-Chi-Form beginnen, empfiehlt es sich, zunächst einige vorbereitende Übungen durchzuführen. Dies gilt sowohl für den Anfänger, der sich dem Tai-Chi am besten über gymnastische, spielerische und meditative Lernerfahrungen nähern sollte, als auch für den Fortgeschrittenen in seiner täglichen Übung. Der Körper sollte schon gelockert und gedehnt sein, die Atmung ruhig und tief und der Geist hellwach, wenn wir mit dem eigentlichen Tai-Chi beginnen.

Entspannung

Um in den harmonischen Bewegungsfluss des Tai-Chi hineinzukommen und die angeführten gesundheitlichen Wirkungen zur Geltung kommen zu lassen, ist es wichtig, Körper und Geist zunächst zu entspannen. Dies gilt gerade in einer Leistungsgesellschaft wie der unseren, wo jeden Tag aufs Neue körperliche und seelische Stressfaktoren auf den Menschen einwirken.

Körperliche Spannungen sitzen vor allem im Nacken- und Schulterbereich sowie entlang der gesamten Wirbelsäule, im Becken-Bauch-Raum und auch in den Händen. Seelische Spannungen machen sich eher im Gesicht oder an den inneren Organen bemerkbar, zeigen sich aber auch in der Körperhaltung.

Durch einige einfache Vorübungen soll vor allem die Muskulatur gelockert und gedehnt werden und die

Gelenke sollen geschmeidiger werden. Von den zahllosen heilgymnastischen Übungen, die in dieser Weise wirken, seien hier einige ausgewählt, die regelmäßig durchgeführt werden sollten.

Bei allen Übungen ist es wichtig, die Bewegungen ruhig und sanft fließen zu lassen und ein Gefühl für ihre Wirkungen zu entwickeln. Den Einsatz von Muskelkraft, einen vermeintlichen Zeitmangel und Konkurrenz zu anderen sollten wir dagegen gleich zu Beginn aus unseren Gedanken entlassen.

Loslassen von Anspannung

Am Anfang der Tai-Chi-Übungen steht eine kurze Serie von Vorübungen, die zur Entspannung dienen. Entspannung ist hier nicht zu verwechseln mit Erschlaffung, sondern meint das Lösen von aller körperlichen und geistigen Anspannung. Gemäß dem Prinzip von Yin und Yang bedingt die Entspannung zugleich den Aufbau von neuer Kraft und Energie.

Übung 1: Schwingen

Stellen Sie sich in die Grundstellung des Tai-Chi mit parallel stehenden Füßen in schulterbreitem Abstand voneinander und leicht gebeugten Knien; Wirbelsäule und Kopf sind aufrecht und die Arme hängen locker an der Seite (siehe Abb. 13).

Beginnen Sie damit, die Arme etwa bis auf Kopfhöhe emporsteigen und dann wieder zurückschwingen zu lassen. Federn Sie dabei aus den Knien, aber lassen Sie die Fußsohlen fest auf dem Boden stehen. Halten Sie den Oberkörper aufrecht, und spüren Sie, wie sich Schultern und Knie lockern.

Dann lassen Sie beide Arme seitwärts wie das Pendel einer Uhr hin- und her schwingen, wobei die Hände bis über Kopfhöhe aufsteigen. Machen Sie diese Bewegung nicht mit Kraft und Schwung wie beim Fitnesstraining, sondern lassen Sie die Hände an sich vorbeischweben wie Blätter im Wind und verfolgen Sie ihre Bewegung mit den Augen. Lassen Sie die Füße weiterhin fest auf dem Boden stehen und machen Sie die Handgelenke ganz weich wie der Dirigent eines großen Orchesters.

Dann drehen Sie sich aus der Wirbelsäule als Ihrer zentralen Körperachse abwechselnd nach links und nach rechts, wobei Arme und Kopf zur Seite herumschwingen. Sie können sich dabei mit der einen Hand selbst auf die Schulter klopfen, während die andere etwa auf den

Nieren landet. Wieder bleiben die Füße fest am Boden. Und die Bewegung wird leicht und schwebend.

Dann beugen Sie den Oberkörper aus den Hüften nach vorn herunter und lassen dabei die Unterarme über Kreuz auf den Rücken fallen. Richten Sie sich wieder auf, lehnen Sie sich leicht nach hinten und überkreuzen Sie die Arme nun locker über der Brust. Wechseln Sie dabei die Arme, so dass mal der linke über den rechten fliegt und mal umgekehrt.

Verharren Sie für einen Augenblick, wenn Sie diese Schwungübungen jeweils zehn- bis zwanzigmal in jede Richtung durchgeführt haben, und schließen Sie die Augen. Spüren Sie Ihren Kreislauf und Ihre Atmung? Fühlen Sie sich lockerer in der Hüfte, in den Schultern, in den Knien, den Händen und der Wirbelsäule?

Übung 2: Dehnen

Stehen Sie wie vorher in der Grundstellung. Recken Sie sich beim Einatmen hoch auf die Zehenspitzen, führen Sie die Arme seitwärts im Bogen nach oben über den Kopf und strecken Sie sie so weit wie möglich. Lassen Sie die Arme beim Ausatmen seitlich zurücksinken, kommen Sie wieder auf die Fußsohlen zurück und sinken Sie in den Knien und der Wirbelsäule etwas ein. Stellen Sie sich vor, Sie wären ein großer Vogel, der sich mit langsamem Flügelschlag fortbewegt.

Lassen Sie den linken Arm hängen und drücken Sie mit dem rechten schräg über den Kopf hinweg nach links oben, als ob Sie einen Vorhang wegschieben wollten. Verharren Sie in dieser Stellung für einige Atemzüge und spüren Sie, wie sich Ihr Brustkorb seitlich weitet. Wiederholen Sie die Übung dreimal auf jeder Seite.

Stellen Sie sich mit doppelt so breitem Abstand der Füße hin, die jetzt etwas nach außen gedreht werden dürfen. Halten Sie die Knie gebeugt und drücken Sie sie etwas nach außen weg. Spüren Sie die Dehnung an der Innenseite der Oberschenkel und im Hüftgelenk?

Verlagern Sie nun Ihr Körpergewicht auf das linke Bein, so dass sich das linke Knie stärker beugt, während sich das rechte streckt. Wechseln Sie langsam von einer Seite auf die andere hin und her und versuchen Sie dabei zugleich, die schiebende Kraft des einen Beines und die ziehende Kraft des anderen zu spüren.

Übung 3: Kreisen

Machen Sie mit den Schultern abwechselnd weite Kreise nach hinten und lassen Sie dabei die Arme locker hängen. Diese Bewegung ist etwa wie Rückenschwimmen ohne Arme; die ganze Wirbelsäule, die Hüfte und die Beine sind an ihr beteiligt, so groß sollen Ihre Kreise werden.

Schließen Sie dann weite Kreise aus dem Becken an, bei denen der Oberkörper aufrecht gehalten wird. Genießen Sie es, wenn Ihre Hüftgelenke allmählich immer größere Bewegungen zulassen.

Dann fassen Sie auf Ihre Knie und beugen sich mit dem Oberkörper etwas vornüber. Machen Sie kleine, sanfte Rotationen in beide Richtungen aus den Knie- und Fußgelenken, um in diesen Körperregionen geschmeidiger zu werden. Vermeiden Sie zu große und heftige Kreise, denn Ihre Knie sind nicht dafür geeignet.

Erfinden Sie eigene Übungen, um auch Ihre Ellenbogen und Handgelenke durch Kreisen geschmeidiger zu machen.

Übung 4: Reiben und Klopfen

Reiben Sie Ihre Hände kräftig aneinander, damit sie warm und lebendiger werden. Reiben Sie auch das Gesicht und den Nacken. Danach streichen Sie kreisförmig mit den flachen Händen über den Bauch und den unteren Rücken (Lendenwirbel/Kreuzbein). Währenddessen können Sie immer abwechselnd ein Bein locker über Kreuz vor das andere schwingen lassen, damit Hüft-, Knie- und Fußgelenke auch etwas zu tun haben.

Lassen Sie sich Zeit, und wiederholen Sie alles noch ein zweites Mal! Spüren Sie, wie Sie dabei Energie aufladen?

Klopfen Sie mit der flachen Hand oder mit lockeren Fäusten beide Beine gründlich von oben nach unten aus. Entspannen Sie dabei auch bewusst die Wirbelsäule, wenn sie sich immer mehr hinabneigt.

Anstelle dieser Übung können Sie auch eine entsprechende Partnerübung machen und sich von den Schultern bis zu den Füßen ausklopfen lassen. Verständigen Sie sich mit Ihrem Partner, wo er kräftiger und wo er vorsichtiger klopfen soll.

Übung 5: Schütteln

Stellen Sie sich zum Abschluss dieser kurzen Serie von Vorübungen wieder in die Ausgangsstellung und schütteln Sie den ganzen Körper ein bis zwei Minuten lang kräftig aus. Lassen Sie alle Muskeln und Gelenke los, die Sie nicht zum Stehen brauchen: die Schultern, die Arme, die Hände, den Hals, den Unterkiefer, das Gesicht, den Bauch usw. Bleiben Sie auch diesmal mit den Füßen fest mit dem Boden verwurzelt.

Stellen Sie sich vor, dass Sie ein Baum sind, keine knorrige Eiche, sondern eine biegsame Weide. Während der Sturm an Ihnen rüttelt, bleiben Sie doch fest auf den Füßen stehen. Je mehr Sie aber in allen Gelenken nachgeben und die Muskeln lösen, desto weniger kann er Ihnen anhaben.

Schließen Sie nach dem Schütteln die Augen und spüren Sie einen Moment lang nach, wie Sie sich jetzt fühlen und was sich verändert hat! Wussten Sie schon, dass Sie durch Schütteln Ihren Kreislauf so in Wallung bringen können?

Aufmerksamkeit

Entspannung, das heißt das Lösen von allen körperlichen und seelischen Verkrampfungen, gehört zu den Wirkungen von Tai-Chi, aber Tai-Chi ist keineswegs Entspannung im Sinne von Erschlaffung. Gemäß dem Prinzip von Yin und Yang wird einerseits Entspannung möglich und andererseits neue Kraft und Energie aufgebaut.

Die gelösten, fließenden Bewegungen des Tai-Chi erfordern nicht nur eine gewisse körperliche Anstrengung, insbesondere in den Füßen und Oberschenkeln, sondern auch einen hellwachen, aufmerksamen Geist, der alle Bewegungen beobachtet und steuert. Gerade durch die notwendige Konzentration hilft Tai-Chi dabei, sich von anderen Gedanken, von Alltagssorgen usw. zu befreien und den Geist zur Ruhe kommen zu lassen.

Der Geist muss hellwach sein

Tai-Chi erfordert einen hellwachen, aufmerksamen Geist. Die notwendige Aufmerksamkeit ist sowohl nach innen als auch nach außen gerichtet. Das heißt, Sie sind sowohl aufmerksam auf alles, was in Ihnen vorgeht, also auf Atmung, Muskelspannungen, Gefühle usw., als auch ganz offen für Ihre Umwelt. Nehmen Sie Ihre Außenwelt in sich auf und empfinden Sie sich selbst als ein Teil von ihr!

Durch diese Konzentration auf den Körper und seine Bewegungen kann man den Fluss der Lebensenergie (Qi) immer mehr spüren, sei es über die Atmung, den Pulsschlag, über Gefühle von Schwere oder Leichtigkeit, Wärme, Prickeln usw.

Übung 6: Aufmerksamkeit nach innen und außen

Gehen Sie hinaus in die Natur an einen Platz, den Sie mögen und an dem Sie ungestört sind. Tragen Sie lockere Kleidung und leichtes Schuhwerk ohne Absätze. Wenn die Jahreszeit es zulässt, ist es noch besser, barfuß zu sein.

Stellen Sie sich etwas breitbeinig hin und sinken Sie etwas in den Knien ein. Kippen Sie das Becken so, dass der große Kreuzbeinknochen senkrecht steht. Richten Sie Ihre Wirbelsäule gerade auf und lassen Sie die Schultern locker hängen. Ziehen Sie das Kinn leicht zur Brust, so dass sich Kopf und Nacken etwas nach oben strecken.

Schließen Sie nun die Augen und beginnen Sie, leicht vor- und zurückzuschwanken. Dann kreisen Sie mit dem ganzen Körper etwas aus den Fußgelenken heraus. Spüren Sie Ihre Fußsohlen dabei, Ihren Kontakt zur Erde, auf der Sie stehen!

Lassen Sie Ihre Arme locker etwas vor- und zurückschwingen. Achten Sie dabei einmal auf Ihre Hände und Finger! Nehmen Sie alle Anspannung heraus, Sie brauchen nichts festzuhalten!

Dehnen Sie sich mit dem Kopf etwas nach oben, so, als würde eine Kraft vom Himmel Sie nach oben ziehen. Stellen Sie sich vor, Sie seien eine Marionette, die an einem unsichtbaren Faden hängt.

Was hören Sie alles um sich herum? Konzentrieren Sie sich zunächst ganz auf ein Geräusch in Ihrer Nähe, vielleicht das Zwitschern eines Vogels oder das Rauschen eines Baches. Nach einer Weile wechseln Sie zu einem anderen Geräusch, dann zu einem dritten.

Richten Sie nun die Aufmerksamkeit ganz auf Ihre Atmung. Geht der Atemstrom bis hinunter in den Bauch? Wenn nicht, dann spannen Sie den Bauch einmal kräftig an und lassen ihn mit einem lauten Seufzer der Erleichterung wieder los. Niemand beobachtet Sie hier; Sie können es ruhig öfter wiederholen. Vielleicht können Sie auch Ihren Herzschlag spüren. Versuchen Sie nun, gleichzeitig Atmung und ein Geräusch wahrzunehmen.

Dann gehen Sie über zum Wind, den Sie auf der Haut spüren; vielleicht riechen Sie eine Blume oder frisch gemähtes Gras in der Nähe.

Zuletzt versuchen Sie bitte, all diese Sinneseindrücke gleichzeitig auf sich wirken zu lassen, ohne sich auf einen einzelnen zu konzentrieren.

Öffnen Sie danach ganz langsam Ihre Augen und lassen Sie das Licht in sich einströmen. Halten Sie Ihren Blick geradeaus, ohne einen bestimmten Punkt zu fixieren. Versuchen Sie, alles um sich herum durch die Augen aufzunehmen, und vergessen Sie dabei nicht Ihre Atmung und die anderen Sinneswahrnehmungen. Seien Sie ganz offen für Ihre Umwelt und bleiben Sie doch zugleich aufmerksam für alles, was in Ihnen vorgeht. Vielleicht fühlen Sie irgendwo eine Muskelspannung oder es steigt ein Gefühl in Ihnen hoch. Lassen Sie alles zu! Körper, Geist und Seele bilden eine Einheit, alles gehört zu Ihnen. Nehmen Sie die Natur in sich auf und empfinden Sie sich selbst als ein Teil von ihr.

Beenden Sie diese Übung, indem Sie Ihre Arme und Beine etwas ausschütteln und Ihren Oberkörper ein paarmal locker zur Seite sowie vor- und zurückschwingen lassen.

Körperhaltung

In China heißt es: »Die Energie wurzelt in den Füßen, strömt durch die Beine, wird gelenkt durch die Hüfte und wirkt durch die Hände und Finger.« Bei uns wird oft die untere Hälfte des Körpers im Verhältnis zur oberen vernachlässigt. Darum sollten wir beim Üben der korrekten Körperhaltung stets von unten nach oben vorgehen.

Die Übersicht auf den folgenden Seiten fasst noch einmal systematisch alle wesentlichen Punkte zusammen, die Sie in der Übung 6 eher spielerisch kennen gelernt haben.

Die richtige Körperhaltung

Zur Körperhaltung bei Tai-Chi können wir uns Folgendes einprägen:

- *Durch die Füße und Beine können wir unsere Verwurzelung in der Erde spüren.*
- *Im Becken und im Bauch finden wir unseren Schwerpunkt und unser Gleichgewicht.*
- *Durch den Oberkörper und den Kopf fühlen wir uns zum Himmel hin aufgerichtet.*
- *Mit den Schultern, Armen und Händen können wir uns flexibel bewegen wie eine Marionette.*

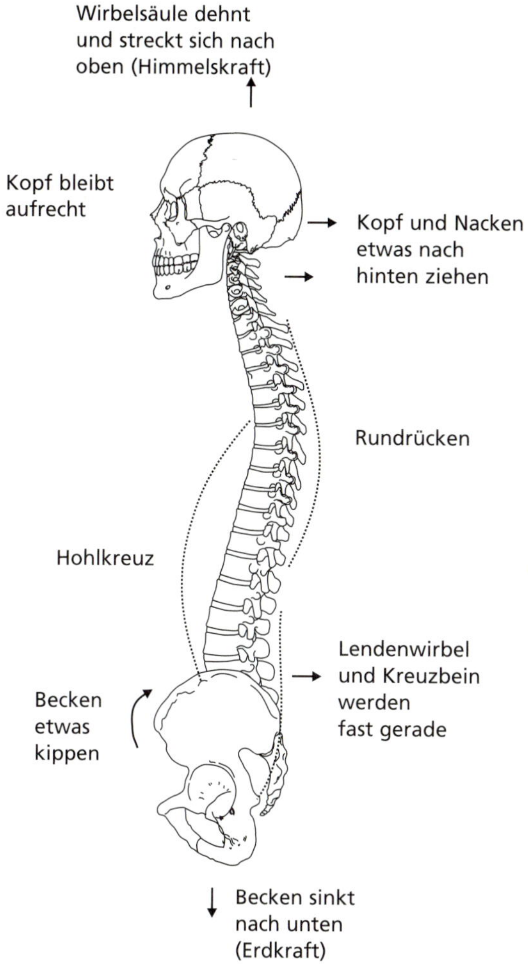

Abb. 12: Haltung von Kopf, Wirbelsäule und Becken

Abb. 13: Grundstellung des Tai-Chi

Füße

Die Fußspitzen werden einwärts gedreht, bis die Füße parallel stehen. Ihr Abstand beträgt eine Schulterbreite, so dass die Ober- und Unterschenkelknochen senkrecht unter den Hüftgelenken stehen. Die Fußsohlen stehen fest auf dem Boden und das Körpergewicht wird so weit nach vorn verlagert, dass die Hälfte davon auf den Fußballen ruht.

Beine

Die Knie werden etwas nach vorn gebeugt, aber nicht weiter, als bis die Kniescheibe senkrecht über den Zehenspitzen steht. Die Knie werden etwas nach außen geöffnet, so dass man keinesfalls x-beinig steht. Die Fußgelenke und die Oberschenkel werden in dieser Haltung gekräftigt, während die Wirbelsäule entlastet wird.

Becken

Das Becken wird etwas gekippt und das Gesäß sinkt dabei etwas nach unten, als ob man auf einem Stuhl Platz nehmen wollte. Dadurch wird der untere Teil der Wirbelsäule begradigt, als ob man ihn flach gegen eine Wand drücken würde. Diese Haltung ist geradezu das Gegenteil eines Hohlkreuzes und wirkt sich sehr vorteilhaft auf die Bandscheiben aus.

Bauch

Die Bauchmuskulatur ist gelockert, so dass eine tiefe Atmung in den Bauchraum hinein möglich wird. Die Körpermitte mit dem Energiezentrum Dan Tian soll weder durch Kleidung noch durch muskuläre Anspannung eingezwängt sein. Die Magengrube soll sich weich anfühlen.

Oberkörper

Die Brust wird weder vorgestreckt noch eingezogen und der Rücken wird aufrecht gehalten; beide sind in einer natürlichen Haltung. Wird die Wirbelsäule gerade aufgerichtet, so verbessern sich auch die Blutzirkulation und die Funktion des zentralen Nervensystems.

Schultern

Die Schultern hängen locker an der Seite herab; sie sind weder hochgezogen noch sinken sie nach vorn ein. Oft sitzen hier hartnäckige Verspannungen. Deshalb sollte man öfter einmal die Schultern hochziehen, um sie dann wieder fallen zu lassen. Wer zu einem Rundrücken neigt, sollte die Schultern etwas nach hinten ziehen, so dass sich der Brustraum weiten kann.

Arme

Die Arme hängen locker neben dem Oberkörper und haben dort etwas Platz, was man durch die Vorstellung von Tischtennisbällen in den Achselhöhlen bewirken kann. Die Ellenbogen und die Handgelenke sind völlig gelöst und frei beweglich.

Hals

Der Hals wird aufrecht gehalten und das Kinn leicht zur Brust gezogen, so dass die Wirbelsäule sich auch im Nackenbereich etwas strecken kann.

Kopf

Der Kopf drückt am Scheitelpunkt, der senkrecht über der Wirbelsäule steht, etwas nach oben, als ob dort ein leichter Widerstand wäre. Die Augen schauen geradeaus, wodurch ein Vorsinken des Kopfes vermieden wird. Die Zunge liegt am oberen Gaumen an, die Zähne liegen locker übereinander und der Mund ist leicht geschlossen. Das Gesicht ist entspannt und man sollte freundlich dreinblicken.

Üben Sie die Grundstellung, die Sie in Abbildung 13 sehen können, immer wieder und kontrollieren Sie dabei die einzelnen Körperteile! Wenn Sie glauben, richtig zu stehen, schließen Sie einmal die Augen und stellen sich vor, dass ein schweres Gewicht an Ihrem Steißbein hängt und Sie zur Erde hinabzieht. Am Scheitelpunkt aber sind Sie durch einen goldenen Faden mit dem Himmel verbunden, der Ihren Oberkörper in eine aufrechte Haltung bringt. Spüren Sie dabei den angenehmen Dehneffekt in der Wirbelsäule?

Wenn Ihre Beine nach einigen Minuten zu zittern anfangen, ist das ein Zeichen mangelnder Kraft in den Oberschenkeln. Der Druck, den Sie jetzt dort verspüren, hat vorher auf den unteren Wirbeln gelastet. Versuchen Sie aber nicht, diese Stellung durch übermäßige Anstrengung einzuhalten. Mit der Zeit werden Sie die Grundstellung des Tai-Chi als immer angenehmer empfinden.

Beobachten Sie sich selbst genau! Finden Sie heraus, wo überall noch Verspannungen sitzen und wie Sie immer mehr Muskeln in dieser Stellung loslassen können. Da Anfänger oft dazu neigen, ihr Becken vorzudrücken und mit dem Oberkörper etwas nach hinten überzuhängen, sollten Sie Ihre Haltung ab und zu selbst im Spiegel kontrollieren, um sich nichts Falsches anzugewöhnen.

Bewegungsweise

Jede Tai-Chi-Form besteht aus einer Folge von Bewegungselementen, darunter die Gewichtsverlagerung von einem Bein auf das andere, Drehung von Becken und Oberkörper, Schritte nach vorn, hinten und zur Seite, Beugen und Strecken der Beine und kreisförmige Bewegungen der Arme. In den alten chinesischen Schriften werden acht verschiedene Grundbewegungen und fünf Schritte beziehungsweise Stellungen unterschieden, die alle zur Selbstverteidigung geeignet sind.

Tai-Chi ähnelt dem unaufhörlich vorbeifließenden Wasser oder am Himmel dahinschwebenden Wolken. Jede Bewegungsfolge soll deshalb wie eine einzige kontinuierliche Bewegung ausgeführt werden, ohne Stockungen und rhythmische Höhepunkte. In China sagt man, die Tai-Chi-Bewegungen seien so, als ob jemand Seide aus einem Kokon ziehe; man muss langsam, sanft und gleichmäßig ziehen, damit der Faden nicht reißt.

Der Körper soll sich weich und elastisch bewegen – mit der Geschmeidigkeit einer Katze. Da er eine Einheit bildet, gibt es keine unabhängigen Bewegungen von Armen und Beinen, von Händen und Füßen, von Rumpf und Kopf. Es gibt nur eine einzige Gesamtbewegung des Körpers, die von der Körpermitte, von den Hüften ausgeht, wo sich das Energiezentrum Dan Tian befindet. Diese Bewegung wird bewusst vom Geist gelenkt, der die einzelnen Elemente harmonisch miteinander koordiniert. »Der Körper folgt dem Geist«, heißt es dazu in China.

Beim Tai-Chi gibt es keine geradlinigen Bewegungen und Streckungen in den Gelenken. Vielmehr werden sowohl die Schritte als auch besonders die Armbewegungen bogenförmig ausgeführt und die Gelenke bleiben auch beim Vorstrecken der Gliedmaßen noch leicht angewinkelt. Diese Bewegungsweise ist viel natürlicher und gesünder als das Trainieren von einseitiger Muskelkraft, wie es in zahlreichen Sportarten geschieht.

Die Fortbewegung bei Tai-Chi soll der Bewegung einer Kugel gleichen, die niemals aus dem Gleichgewicht geraten kann. Hände und Füße bewegen sich gleichsam auf ihrer Peripherie und dürfen sich nie so weit von der Körpermitte entfernen, dass man aus der Balance kommen kann. Gemäß dem Prinzip von Yin und Yang wird das Körpergewicht stufenlos von einem Bein auf das andere verlagert. Nur wenn der Körper im Gleichgewicht bleibt und alle seine Teile sich harmonisch bewegen, kann dieser ständige Wechsel zwischen vollem Bein (belastet) und leerem Bein (unbelastet) sicher ausgeführt werden.

Anfänger müssen klar zu unterscheiden lernen, wann sie ihren Fuß auf den Boden aufsetzen und wann sie ihr Gewicht verlagern. Schritte, bei denen man sozusagen mit dem eigenen Gewicht auf den vorderen Fuß »fällt« wie beim normalen Gehen oder mehr noch beim Dauerlauf, gibt es bei Tai-Chi nicht.

Die zwölf wichtigsten Grundregeln für Körperhaltung und Bewegungsweise bei Tai-Chi finden Sie auf der nächsten Seite noch einmal übersichtlich zusammengefasst.

Die folgenden beiden Übungen sollen dabei helfen, ein Gefühl für die richtige Bewegungsweise zu entwickeln.

Grundprinzipien der Körperhaltung und Bewegungsweise

1. *Die Füße stehen fest verwurzelt auf der Erde.*
2. *Die Körperhaltung ist aufrecht und zugleich entspannt.*
3. *Der Geist ist ruhig und zugleich aufmerksam; er dirigiert und koordiniert sämtliche Bewegungen.*
4. *Die Atmung fließt tief und sanft in den Bauch hinunter.*
5. *Die Erdkraft lässt den Körper nach unten sinken, die Himmelskraft richtet ihn auf.*
6. *Alle Teile des Körpers bilden eine Einheit wie die Glieder einer Perlenkette.*
7. *Die Aufmerksamkeit geht in die Körpermitte, von wo alle Bewegungen ausgehen.*
8. *Die Bewegungen erfolgen ohne Kraftanstrengung, langsam und gleichmäßig, harmonisch und rund.*
9. *Der Schwerpunkt wird beständig von einem Bein auf das andere verlagert (Yin – Yang), der Körper bleibt dabei im Gleichgewicht.*
10. *Die Qi-Energie wurzelt in den Füßen, strömt durch die Beine, wird gelenkt durch die Hüften und wirkt durch die Hände und Finger.*
11. *Die Arme bewegen sich kreisförmig und in Verlängerung der Rumpfbewegung; die Finger sind weich wie eine Blüte, die auf- und zugeht.*
12. *Die Augen schauen entspannt, verfolgen die Bewegungen der Hände und nehmen zugleich die ganze Umgebung komplex wahr.*

Übung 7: Bewusste Wahrnehmung beim Gehen (»Kranichgang«)

Suchen Sie sich einen ebenen Platz und legen Sie Ihr Schuhwerk ab. Gehen Sie zunächst ganz normal umher und beobachten Sie, wie Sie sich fortbewegen, wie schnell, in welcher Haltung usw.

Nach einer Weile verlangsamen Sie Ihre Schritte und wenden Ihre Aufmerksamkeit ganz den Füßen zu. Setzen Sie den vorderen Fuß mit der Ferse auf und rollen Sie dann ganz bewusst die Fußsohle ab. Lösen Sie den hinteren Fuß von der Ferse bis zu den Zehenspitzen. Spüren Sie die Erde unter sich!

Stellen Sie sich nun vor, Sie würden sich durch ein seichtes Gewässer fortbewegen. Der Boden unter Ihnen gibt nach und ist rutschig; das Wasser reicht Ihnen bis zur Wade. Sie müssen sehr langsame und achtsame Schritte machen und die Knie so hoch ziehen, bis die Oberschenkel etwa waagerecht sind. Wenn Sie das Knie Ihres jeweiligen Standbeins dabei immer etwas gebeugt halten, können Sie besser die Balance halten. Tasten Sie bei jedem Schritt förmlich den unsicheren Boden unter sich mit dem Fuß ab.

Stellen Sie sich vor, Sie seien ein Kranich, der durch einen flachen Teich dahinstelzt. Der Kranich hat nicht nur einen sicheren Tritt, sondern er bewegt sich auch ganz aufrecht. Wenn Sie jetzt in Gedanken einen gefüllten Wasserkrug auf Ihrem Kopf tragen, wie es in vielen tropischen Ländern schon die Kinder lernen, wird Ihnen das helfen, gerade zu bleiben. Sie können sich auch ein reales Sandsäckchen auf den Kopf legen. So gehen Sie ausbalanciert und aufrecht zugleich.

Schließlich soll unser Kranich auch ein wenig mit seinen Flügeln arbeiten. Lassen Sie die Arme sanfte gegenläufige Kreise nach vorn beschreiben – wie beim Vorwärtskraulen im Wasser. Versuchen Sie dabei, ganz weich in den Handgelenken zu werden. Stellen Sie sich vor, es läge noch dichter Nebel über dem Teich und Sie wollten ihn mit den Händen wegschieben. Sie können ihn förmlich zwischen den Fingern wie Zuckerwatte fühlen.

Beenden Sie nach einer Weile das Armkreisen, gehen Sie wieder mit normalen Schritten und Ihrer üblichen Geschwindigkeit weiter. Machen Sie sich im Geist noch einmal den Unterschied zwischen dem »Kranichgang« und Ihrer Art zu gehen bewusst.

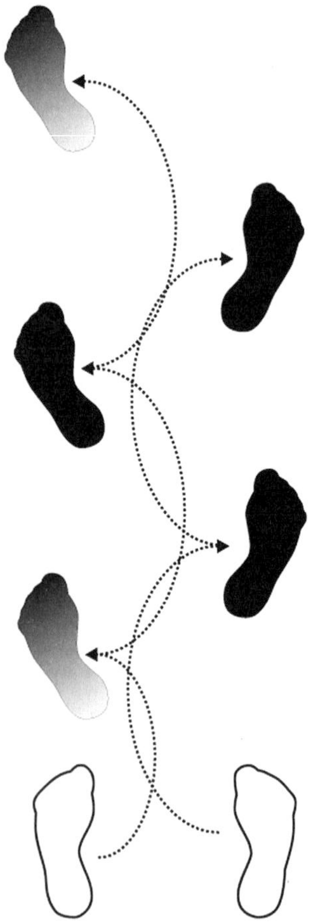

a) Bewegung der Füße

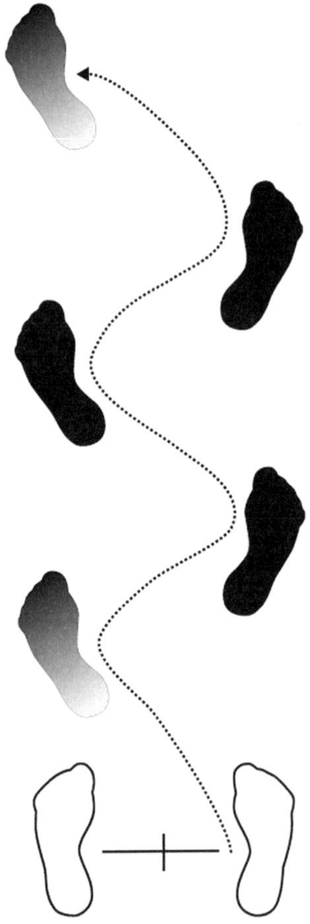

b) Bewegung der Körpermitte (Becken)

Abb. 14: Der Tai-Chi-Grundschritt (Bogenschritt)

Übung 8: Der Tai-Chi-Grundschritt (»Bogenschritt«)

Hier sollen Sie nun Ihre Erfahrungen aus der vorigen Übung mit den zuvor aufgeführten Grundprizipien verbinden.

Stellen Sie sich wieder in den schulterbreiten Parallelstand. Verlagern Sie sehr bewusst und langsam Ihr Körpergewicht von einem Bein auf das andere. Nach einer Weile lösen Sie den jeweils unbelasteten Fuß ein wenig vom Boden. Achten Sie darauf, den Oberkörper nicht in eine seitliche Schräglage zu bringen, sondern ihn weiter aufrecht zu halten!

Dann verlagern Sie Ihr Gewicht auf das rechte Bein und lösen den linken Fuß vom Boden. Setzen Sie ihn ein bis zwei Fußlängen weiter vorn mit der Ferse auf. Rollen Sie erst die ganze Fußsohle ab, bevor Sie damit beginnen, Ihr Gewicht auf das linke Bein zu verlagern. Dabei geht der Bewegungsimpuls von der Körpermitte, vom Becken, aus.

Sie dürfen jetzt den Fuß beim Aufsetzen etwas nach außen drehen. Wenn das rechte Bein kein Gewicht mehr trägt, lösen Sie den rechten Fuß allmählich von der Ferse bis zur Spitze vom Boden. Ziehen Sie ihn erst zum linken Fuß heran und bewegen Sie ihn bogenförmig weiter nach vorn und nach außen zum nächsten Schritt (siehe Abb. 14 a). Versuchen Sie dabei ganz bewusst wahrzunehmen, dass die Beine allmählich belastet beziehungsweise entlastet werden, dass die Übergänge von

Abb. 15:
Bogenschritt I

Abb. 16:
Bogenschritt II

»leerem« und »vollem« Bein, von Yin und Yang gleitend sind.

Achten Sie besonders darauf, dass Sie bei den Schritten stets den schulterbreiten Abstand der Füße beibehalten. Anfänger neigen dazu, weite Schritte nach vorn zu machen und dabei einen Fuß hinter dem anderen aufzusetzen. Stellen Sie sich vor, Sie müssten auf zwei Schienen einer Schmalspurbahn entlanggehen. Bewegen Sie sich so ohne Unterbrechung vorwärts und halten Sie das belastete (»volle«) Bein immer im Knie gebeugt.

Wenn Sie sich mit den Schritten sicherer fühlen, wenden Sie Ihre Aufmerksamkeit dem Oberkörper zu. Er darf sich weder nach vorn, hinten oder zur Seite neigen, noch darf er sich auf und ab bewegen. Die Vorwärtsbewegung erfolgt nur mithilfe der Hüft-, Knie- und Fußgelenke. Das Becken schiebt sich gleichsam in einer Schlangenlinie und stets auf derselben Höhe bleibend vorwärts (siehe Abb. 14 b). Sie müssen spüren, wie sich Ihre Beine aus den Hüften heraus fortbewegen.

Schauen Sie geradeaus und halten Sie so Ihren Kopf aufrecht. Achten Sie zwischendurch auch einmal auf die Schultern und die Hände. Wenn sie verkrampft sind, lassen Sie sie bewusst los! Sie können die Arme bei den Schritten etwas ausbreiten, um besser die Balance zu halten.

Wenn Sie sich in diesem Grundschritt etwas sicherer fühlen, dann versuchen Sie doch einmal, genauso rückwärts zu gehen. Achten Sie vor allem darauf, dass der Fuß ganz aufgesetzt wird, ehe Sie ihn mit dem Körpergewicht belasten. Wenn es hinten in der Kniekehle und im Oberschenkel etwas zieht, dann machen Sie es richtig. Beachten Sie alle anderen Hinweise vom Vorwärtsgehen!

Abb. 17:
Bogenschritt III

Abb. 18:
Bogenschritt IV

Körperenergie erleben

In den vorigen Abschnitten wurde etwas zur äußeren Haltung und Bewegung ausgeführt. Doch gemäß dem Yin-Yang-Prinzip kommt es bei Tai-Chi genauso auf die innere Bewegung an. Damit ist vor allem das ungehinderte Fließen der Qi-Energie gemeint, die engstens mit der Atmung zusammenhängt (siehe Seiten 26 ff. und 50 ff.). Alle Bewegungen bei Tai-Chi werden mit relativ wenig Muskelkraft, aber mit viel innerer Kraft ausgeführt.

Für den Anfänger ist es meist schwierig, sich vorzustellen, was genau mit Qi oder innerer Energie gemeint ist. Mit der Zeit aber wird jeder, der sich in Tai-Chi übt, immer sensibler für die Vorgänge in seinem Körper werden. Indem wir allmählich zu ruhiger und tiefer Bauchatmung übergehen und unsere Muskeln und Gelenke geschmeidiger machen, wird der gesamte Körper auch durchlässiger für die Qi-Energie. Dann kann der Energiefluss mit zunehmender Deutlichkeit wahrgenommen werden – genauso wie seine hartnäckigen Blockaden.

Übung 9: Emotionen im Bauch wahrnehmen

Stellen Sie sich wieder in die Tai-Chi-Grundstellung und legen Sie die Hände über Kreuz auf den unteren Teil des

Bauches. Ihr Energiezentrum liegt etwa drei Finger breit unter dem Bauchnabel und auf einer Linie, die man sich vom Bauch zum Rücken denkt, etwa ein Drittel einwärts. Es ist kein Punkt, sondern eher eine Körperzone; der Begriff Dan Tian (= Zinnoberfeld) drückt seine Wertschätzung im alten China aus. Versuchen Sie es einmal durch bewusste Konzentration wahrzunehmen.

Lassen Sie den Atem hinuntersinken in den Bauch. Atmen Sie mit dem Zwerchfell, das sich auf und ab bewegt, und spüren Sie, wie der Bauch sich unter Ihren Händen beim Einatmen vor- und beim Ausatmen zurückwölbt. Atmen Sie mehrmals in kleinen Stößen mit einem gehauchten Ha-ha-ha-Laut aus, bis Sie keine Luft mehr in der Lunge haben. Sie werden spüren, dass Sie gleich viel mehr neue Luft einatmen können als vorher und die Atmung sich vertieft.

Gleichmäßige Bewegungen

Die Bewegungen bei Tai-Chi sollen dem unaufhörlich fließenden Wasser oder den am Himmel dahinschwebenden Wolken ähneln. Jede Bewegungsfolge soll deshalb wie eine einzige kontinuierliche Bewegung ausgeführt werden, ohne Stockungen oder rhythmische Höhepunkte. In China vergleicht man deshalb auch die Tai-Chi-Bewegungen mit dem Herausziehen von Seide aus einem Kokon: Man muss langsam, sanft und gleichmäßig ziehen, damit der Faden nicht reißt.

Der Bauch ist ein Zentrum emotionalen Erlebens. Dort sammelt sich sehr viel Energie, die oft genug blockiert ist. Redewendungen wie: »Sie hat eine Wut im Bauch«, »Es schlägt mir auf den Magen« oder »Er hat es nicht verdaut«, zeigen diesen Zusammenhang auf.

Machen Sie einmal ein richtig böses, ärgerliches Gesicht und spüren Sie dann in Ihren Bauch hinein. Ist das Zwerchfell gelöster oder gespannter als vorher?

Dann wechseln Sie Ihre Stimmung, denken Sie an einen Moment des Glücks und lächeln Sie voller Freude. Wie reagiert Ihr Bauch darauf und wie verändert sich Ihre Atmung? Spüren Sie, wie Ihnen jetzt »ein Stein vom Herzen fällt«?

Übung 10: Energiefluss durch die Hände

Stehen Sie wieder in der üblichen Grundstellung und schließen Sie die Augen. Reiben Sie kräftig Ihre Hände, bis sie sich warm und prickelnd anfühlen. Dann legen Sie Ihre Handflächen vor der Brust gegeneinander (Gebetshaltung) und pressen sie eine Minute lang mit aller Kraft zusammen.

Lösen Sie danach die Spannung ganz langsam auf, bis Sie nur noch einen Hauch von Berührung zwischen den beiden Handflächen spüren. Trennen Sie die Hände und lassen Sie sie ganz allmählich auseinander treiben. Können Sie so etwas wie eine magnetische Kraft wahrnehmen?

Stellen Sie sich vor, Sie hielten einen Luftballon zwischen Ihren Händen, der immer größer und größer wird. Sie können den Abstand zwischen den Händen einen Meter oder noch weiter werden lassen. Achten Sie aber darauf, dass die Handflächen stets zueinander hinschauen wie zwei Parabolspiegel, zwischen denen Funkkontakt besteht.

Nun versuchen Sie einmal, Ihre Hände wieder zusammenzuführen. Können Sie den Widerstand spüren? Lassen Sie den Ballon langsam zusammenschrumpfen und bleiben Sie ganz bewusst bei Ihren Handflächen. Sie können dieses Experiment mehrfach wiederholen; die magnetische Energie wird eher noch stärker spürbar werden.

Dann führen Sie Ihre Hände etwa bis auf schulterweiten Abstand auseinander. Achten Sie darauf, dass Sie sich nicht in den Schultern verkrampfen! Stellen Sie sich vor, Sie würden einen goldenen Energieball zwischen den Händen halten, der so leicht ist wie Luft.

Abb. 19:
Tai-Chi-Schritte
mit einem
imaginären Ball I

Abb. 20:
Tai-Chi-Schritte
mit einem
imaginären Ball II

Nun beginnen Sie damit, diesen Ball so vor sich zu drehen, dass mal die linke Hand oben und die rechte Hand unten ist und mal umgekehrt. »Die Arme schwimmen auf der Luft«, sagt man in China dazu. Lassen Sie sich viel Zeit dabei, wenn Sie mit Ihrem Ball spielen!

Wenden Sie sich nun mit dem Oberkörper aus dem Becken heraus nach rechts, und verlagern Sie Ihr Körpergewicht auf das rechte Bein, wenn die rechte Hand nach oben gleitet und umgekehrt. Öffnen Sie allmählich die Augen, aber bleiben Sie mit Ihrer Aufmerksamkeit weiter bei den Händen. Setzen Sie das Spiel mit dem Energieball fort, und machen Sie dabei vorsichtige Tai-Chi-Schritte durch den Raum (siehe Abb. 19 und Abb. 20).

Bringen Sie die Bewegungen der Beine und Arme in ein natürlich fließendes Zusammenspiel. Machen Sie alle Bewegungen langsam und gleichmäßig und spüren Sie abwechselnd Ihre Hände, Ihre Fußsohlen und Ihren Bauch. Zuletzt versuchen Sie dann, alles auf einmal wahrzunehmen. Sie können sicher schon ein bisschen fühlen, wie die innere Energie (Qi) durch alle Teile Ihres Körpers strömt.

Beenden Sie diese Übung damit, dass Sie Ihre Arme kräftig ausschütteln und die Beine etwas lockern.

Üben im Alltag

Das Schöne an Tai-Chi ist, dass es fast immer und überall geübt werden kann und keine speziellen Übungsräume oder Kleidungsstücke erfordert. Dennoch gibt es einige Grundsätze, an die man sich möglichst halten sollte:

1. Haben Sie Geduld und Ausdauer; es braucht einige Zeit, bis Sie die Grundelemente beherrschen. Dafür können Sie Tai-Chi bis ins hohe Alter hinein praktizieren. Denken Sie immer an die alte taoistische Weisheit: »Der Weg ist das Ziel«.

Regelmäßige Übung

Tai-Chi kann immer und überall geübt werden. Egal ob in Übungsräumen oder in der freien Natur, egal ob jung oder alt – Tai-Chi bedarf keiner speziellen Ausrüstung. Wichtig jedoch sind die Regelmäßigkeit und Ernsthaftigkeit, mit der Tai-Chi betrieben werden sollte. Täglich zehn bis zwanzig Minuten Übung können als Richtwert angesehen werden.

2. Üben Sie regelmäßig jeden Tag ein bisschen. Es ist entschieden besser, jeden Tag wenigstens zehn bis zwanzig Minuten zu üben, als nur einmal pro Woche und dann dafür ein bis zwei Stunden. Auch bei Tai-Chi gilt: »Übung macht den Meister«.

3. Vergleichen Sie sich niemals mit anderen, die Tai-Chi schon besser beherrschen. Sie selbst sind der einzige Maßstab für Ihren Fortschritt und Sie werden mit jedem Tag des Übens vollkommener werden.

4. Besonders Anfänger sollten öfter einzelne Elemente getrennt voneinander üben, zum Beispiel nur die Beinarbeit oder nur die Armarbeit.

5. Üben Sie eine Tai-Chi-Form oder einen Teil davon möglichst mehrfach hintereinander. Achten Sie immer auf die korrekte Ausführung und auf den gelösten Bewegungsfluss.

6. Üben Sie nicht zu viel Neues auf einmal, sondern wiederholen Sie immer wieder, was Sie schon gelernt haben. Sie werden mit der Zeit immer neue und feinere Nuancen in den Tai-Chi-Bewegungen erkennen.

7. Tragen Sie flaches Schuhwerk, das die Füße nicht einzwängt (möglichst keine Turnschuhe!), oder üben Sie barfuß, wenn es warm genug ist. Jeder noch so kleine Absatz, jedes ausgeformte Fußbett verändert die natürliche Statik der Füße.

8. Tragen Sie lockere Kleidung und keine einzwängenden Gürtel. Vor allem der Bauch muss genügend Platz haben!

9. Suchen Sie sich einen ruhigen Ort zum Üben, der eben und windgeschützt ist und an dem Sie nicht gestört werden. Üben Sie, wann immer möglich, an der frischen Luft oder wenigstens bei geöffnetem Fenster.

10. Üben Sie nicht unmittelbar nach einer schweren Mahlzeit, und planen Sie möglichst eine feste Zeit in Ihrem Tagesablauf ein, am besten morgens oder abends.

11. Nehmen Sie sich vor dem Üben ein paar Minuten Zeit zur Entspannung und zur Einstimmung und gehen Sie nach der Übung möglichst noch ein wenig spazieren.

12. Suchen Sie sich für den praktischen Einstieg ins Tai-Chi eine Gruppe mit einem Lehrer, der Sie anleitet.

Energieübungen

Qi Gong ist ein äußerst wertvoller Teil von Chinas kulturellem Erbe. Es hat eine Tradition von über fünftausend Jahren und wurde im Laufe der Zeit immer mehr vervollkommnet. Heute werden über tausend verschiedene Übungsarten dem Qi Gong zugerechnet. Wörtlich übersetzt bedeutet Qi Gong etwa »Arbeit oder Übung mit der inneren Energie beziehungsweise mit der Luft« (Qi ist beides). Um es besser verständlich zu machen, könnte man es als ein System atemtherapeutischer Heilgymnastik bezeichnen.

Oft sind innere Spannungen, unterdrückte Gefühle usw. mit einer Einengung des Atemraums verbunden. Redewendungen wie: »Mir stockt der Atem« oder »Ich atme auf«, bringen den psychologischen Aspekt des Atmens zum Ausdruck. In schönen Situationen spüren wir, wie wir aufatmen, wie sich der Brustraum weitet. Wir seufzen, wenn Sorgen uns plagen, und spüren Atemnot in extremen Stresssituationen. Wer eine tiefe, ruhige Atmung hat, kann dagegen gelassener durchs Leben gehen und kommt nicht so schnell aus dem inneren Gleichgewicht.

Die Lehre des Qi Gong

Qi Gong ist eine uralte Selbstheilungsmethode. Mit seiner Hilfe können wir lernen, unsere Lebensenergie (Qi) frei durch den Körper fließen zu lassen und damit innere Blockaden allmählich abzubauen. Qi Gong unterstützt die Heilung auf körperlicher, geistiger und seelischer Ebene.

Mit Qi Gong können wir lernen, Atmung und Lebensenergie zu harmonisieren. Viele Qi-Gong-Übungen werden im Stehen ausgeführt, es gibt aber auch Formen im Sitzen, im Liegen und in der Bewegung. Ihre Wirkung besteht darin, unsere Lebensenergie (Qi), die über die Atmung im Austausch mit der Umwelt steht, besser durch den Körper fließen zu lassen. Durch Konzentration auf den Fluss des Qi auf den so genannten Meridianen (Energiebahnen) des chinesischen Akupunktursystems (siehe Seite 25 ff.) wird es uns nach einiger Übung gelingen, die Qi-Energie tatsächlich wahrzunehmen.

Oft führen energetische Blockaden im Körper zu Krankheiten; die Lebensenergie kann nicht mehr frei fließen. Durch regelmäßige Qi-Gong-Übungen können diese Blockaden allmählich beseitigt werden, so dass alle Teile des Körpers gleichmäßig mit Qi-Energie versorgt werden. Nach Erfahrungen vor allem aus China können auf diese Weise viele Krankheiten geheilt werden, da für einen wirklichen Gesundungsprozess nur die Selbstheilungskräfte des Körpers aktiviert zu werden brauchen. Dazu muss allerdings der Wille zum Gesundwerden beziehungsweise zum Gesundbleiben bestehen, der sich in der Disziplin regelmäßiger körperlicher Übung ausdrückt.

Qi-Gong-Ubungen haben besonders positive Auswirkungen auf das Atmungssystem (Vergrößerung der Lungenkapazität) und das Nervensystem (Entspannung und vegetative Harmonisierung); daneben wird ihnen auch eine heilsame Wirkung auf den Blutkreislauf und das Verdauungssystem nachgesagt.

Tai-Chi kann im weitesten Sinne auch als eine Art von Qi Gong angesehen werden; jedenfalls bildet das Übungsgut des Qi Gong einen der Grundpfeiler für die meist komplizierteren Formen der chinesischen Bewegungsmeditation Tai-Chi. Inzwischen gibt es auch zahlreiche deutschsprachige Bücher über die Praxis des Qi Gong. Hier ist nicht der Platz, ausführlicher darauf einzugehen.

Im Folgenden werden drei relativ einfache Qi-Gong-Übungen vorgestellt, die sich sehr gut als Vorbereitung für das Tai-Chi – sowohl für den Anfänger als auch für den Fortgeschrittenen in seiner täglichen Übung – eignen.

Übung 11: 4-Richtungs-Atemtechnik

Sie stehen in der Grundstellung des Tai-Chi mit parallelen Füßen in schulterbreitem Abstand. Die Knie sind leicht eingesunken, Oberkörper und Kopf sind aufrecht, Schultern und Arme hängen locker herab (Abb. 21).

Einatmung und Ausatmung sind im Folgenden jeweils durch die Symbole »★« und »☆« gekennzeichnet.

★ Lassen Sie die Arme in einer passiven Bewegung nach vorn hochsteigen, bis sie waagerecht stehen. Dabei werden die Ellenbogen nicht ganz durchgedrückt. Dann ziehen Sie die Arme etwas zu sich heran, als ob Sie mit den Händen über eine große Kugel streichen würden (Abb. 22).

☆ Dicht vor der Brust sinken die Arme wieder nach unten zurück bis in die Ausgangsstellung (Abb. 23). Dabei wechseln die Hände in den Handgelenken von einer geöffneten in eine geschlossene Haltung, von Yin nach Yang (siehe Abb. 24 und Abb. 25).

Abb. 21: Grundstellung

Abb. 22: Die Hände streichen über die imaginäre Kugel.

Abb. 23: Die Arme sinken in die Ausgangsstellung zurück.

Abb. 24: Geöffnete Hände

Abb. 25: Geschlossene Hände

Üben Sie die Bewegung der Hände und versuchen Sie nachzuempfinden, wie sich die Energiebahnen zu den Händen dabei öffnen und schließen.

★ ☆ Wiederholen Sie diesen Teil ein zweites Mal. Atmen Sie dabei durch die Nase ein und aus.

Abb. 26: Die Hände zur Brust ziehen, einatmen

Abb. 27:
Hände nach vorne drücken

Abb. 28: Die Übung in der Seitenansicht

Abb. 29: Hände zur Brust

Abb. 30: Arme nach außen

Abb. 31: Einatmen …

Abb. 32: … und Ausatmen

★ Lassen Sie die Arme erneut hochtreiben und ziehen Sie die Hände zur Brust heran, so dass die Handflächen nach vorn zeigen. Atmen Sie tief durch die Nase ein (Abb. 26).

☆ Drücken Sie die Hände langsam nach vorn, als ob Sie dabei auf eine Gegenkraft stoßen würden (Abb. 27 und Abb. 28).

Abb. 28 zeigt die Position in der Seitenansicht. Legen Sie die Zunge dicht hinter die Schneidezähne und atmen Sie kräftig durch den gespitzten Mund aus, so dass ein Zischlaut entsteht (»tsssss«).

★ Ziehen Sie die Hände wieder zur Brust heran und atmen Sie dabei durch die Nase ein (Abb. 29). Achten Sie auf den steten Wechsel zwischen geöffneter und geschlossener Stellung der Handgelenke.

☆ Drücken Sie die Arme nach außen weg, wobei die Hände aufgestellt sind (Abb. 30). Die Ellenbogen werden nie ganz durchgedrückt, aber in den Handgelenken baut sich eine Spannung auf (Wechsel von Yin nach Yang). Zischen Sie dabei erneut durch den gespitzten Mund und achten Sie darauf, vollständig auszuatmen. Lassen Sie die Atemluft tief aus dem Bauchinneren herauskommen!

★ Ziehen Sie die Hände wieder zur Brust heran (Abb. 31) und lassen Sie die Handgelenke wieder weich werden (Wechsel von Yang nach Yin). Atmen Sie tief durch die

Nase ein und lassen Sie immer mehr Atemluft in die Lungen hineinströmen!

☆ Drücken Sie nun die Arme nach oben weg, als wollten Sie etwas hochstemmen, und schauen Sie dabei den Händen nach (Abb. 32). Zischen Sie wieder beim Ausatmen und stellen Sie sich vor, dass Ihre Atemluft durch die Mitte der Handflächen austreten könnte.

★ Lassen Sie die Hände schließlich zur Brust zurücksinken und atmen Sie vollständig ein. Der Kopf kommt nun wieder in seine Normalstellung zurück (Abb. 33).

☆ Drücken Sie nun mit den Händen nach unten und schauen Sie zu ihnen hinunter (Abb. 34). Zischen Sie kräftig durch den gespitzten Mund. Atmen Sie dabei vollständig aus und spüren Sie die Energie in den Handinnenflächen.

★ ☆ Wiederholen Sie die ganze Übung noch zweimal, jeweils mit zwei normalen tiefen Atemzügen durch die Nase und viermaligem Zischen durch den Mund. Beenden Sie sie mit zwei normalen Atemzügen und der kreisförmigen Bewegung der Hände, mit der Sie auch begonnen haben.

Nehmen Sie sich nach der Übung Zeit, um in Ihren Körper hineinzuspüren! Fühlen Sie sich erfrischt und wacher als zuvor? Prickeln Ihre Hände oder sind sie vielleicht wärmer geworden? Was hat sich sonst noch verändert? Erleben Sie die Veränderung in sich!

Abb. 33: Hände zur Brust und Kopf in Normalstellung

Abb. 34: Hände nach unten drücken

Übung 12: Standpfahlübung

Während der Schwerpunkt bei der vorigen Übung auf der vertieften Atmung lag, geht es im Folgenden mehr um bewusste Energiewahrnehmung. Durch eine kreisförmige Haltung der Arme, die dem Anfänger in der Regel zuerst schwer fällt, wird der Fluss der Qi-Energie angeregt und das Nervensystem gestärkt.

Stehen Sie wieder in der Ausgangsstellung des Tai-Chi. Achten Sie darauf, die Wirbelsäule so gerade wie möglich zu halten. Überprüfen Sie mit den Händen den Lendenbereich und den Hals!

Abb. 35:
Der obere Standpfahl I

Abb. 36:
Der untere Standpfahl I

Dann lassen Sie die Arme nach vorn bis auf Schulterhöhe aufsteigen und formen einen Kreisbogen mit ihnen, so, als würden Sie einen dicken Baumstamm umarmen. Die Handflächen schauen dabei nach innen und die Fingerspitzen der beiden Hände haben etwas Abstand voneinander.

Lassen Sie nun die Ellenbogen ein wenig nach unten sinken und entspannen Sie die Schultern. Achten Sie darauf, dass alle Gelenke – angefangen vom Ellenbogen bis zu den einzelnen Fingergelenken – eine leichte Krümmung aufweisen (Abb. 35).

Atmen Sie in dieser Stellung lang und tief aus dem Bauch heraus und versuchen Sie, dabei das Dan Tian (Ihr Energiezentrum im Unterbauch) zu spüren. Schauen Sie über die Hände hinweg teilnahmslos in die Ferne. Versuchen Sie, aufmerksam zu bleiben und zugleich sich selbst und Ihre Umwelt wahrzunehmen (siehe Übung 6 auf Seite 69 ff.). Verkrampfen Sie sich nicht in den Schultern und lockern Sie alle Muskeln so gut wie möglich. Je entspannter Sie stehen, desto besser kann die Qi-Energie zirkulieren.

Schon bald werden Sie spüren, dass eine andere Energie als die reine Muskelkraft Ihre Arme trägt. Fangen Sie mit wenigen Minuten in dieser Stellung an und steigern Sie sich allmählich auf zehn Minuten oder mehr.

Um den Energiefluss durch die Arme besser zu spüren, können Sie Ihre Imagination zu Hilfe nehmen. Stellen Sie sich vor, Sie würden durch die Fingerspitzen der linken Hand einatmen und die Atemenergie durch den linken Arm hindurch bis in den Brustraum leiten. Genauso atmen Sie danach durch den rechten Arm bis zu den Fingerspitzen hin wieder aus, so dass eine Art Kreisenergie entsteht, die mit Ihrem Atemrhythmus gekoppelt ist. Nach einer Weile ändern Sie die Flussrichtung.

Zu dieser Grundübung gibt es einige Variationen.

Lassen Sie nach einer Weile die Arme hinuntersinken, bis die Hände zum Unterbauch hinzeigen. Sie sind von der Position des oberen Standpfahls in die des unteren Standpfahls übergewechselt (Abb. 36).

Auch hier können Sie sich wieder auf den Energiefluss konzentrieren. Stellen Sie sich vor, dass Sie mit den Händen einen Energieball halten, der zur Hälfte in Ihren Bauch hineinragt. Leiten Sie in Gedanken die Atemenergie von den Fingerspitzen durch die linke Hand hindurch in den Unterbauch hinein zum Dan Tian. Vollenden Sie den Energiekreis entsprechend beim Ausatmen auf der rechten Seite. Wechseln Sie nach einiger Zeit wieder die Flussrichtung.

Lassen Sie die Arme nach einer Weile wieder in die obere Standpfahlhaltung aufsteigen und drehen Sie die Handflächen so, dass sie nach außen zeigen (Abb. 37). Die Hände sind von der geöffneten in die geschlossene Stellung gewechselt. Versuchen Sie, den Unterschied zu spüren! Sie können sie entweder eine Weile so halten oder kontinuierlich von der geöffneten Stellung (mit Einatmung) zur geschlossenen (mit Ausatmung) wechseln. Die spiralförmige Drehung der Unterarme dabei und der Wechsel des energetischen Zustands in den Händen bilden ein wichtiges Element in allen Tai-Chi-Formen.

Schließlich können Sie noch die geschlossene Stellung der Hände mit der Position des unteren Standpfahls kombinieren (Abb. 38), so dass Sie nun insgesamt vier Grundstellungen für diese Qi-Gong-Übung kennen.

Abb. 37: Der obere Standpfahl II

Abb. 38: Der untere Standpfahl II

Übung 13: Der kleine Energiekreislauf

In einem weiteren Schritt können Sie versuchen, den so genannten kleinen Energiekreislauf wahrzunehmen, was dem Anfänger sicher nicht gleich gelingen wird.

Lassen Sie dazu im Parallelstand die Arme wieder locker an der Seite hängen. In Gedanken verfolgen Sie nun die Mittellinie des Rumpfes und des Schädels, die die linke von der rechten Körperseite trennt. In der chinesischen Akupunkturlehre handelt es sich dabei um die beiden Meridiane Dumai (Lenkergefäß) und Renmai (Dienergefäß).

Beginnen Sie mit dem untersten Punkt, an dem sich beide Meridiane treffen; er liegt zwischen After und Sexualorganen. Folgen Sie mit Ihrer Aufmerksamkeit der Mittellinie des Rumpfes entlang der Wirbelsäule aufwärts bis zum obersten Punkt des Schädels. Von dort gehen Sie auf der Vorderseite des Kopfes wieder hinunter zur oberen Gaumenplatte im Mund. Hier endet der Lenkergefäß-Meridian und die Zunge bildet die Brücke zum Dienergefäß-Meridian. Dieser führt an der Vorderseite des Körpers über Brustbein und Bauchnabel wieder zum Ausgangspunkt hinab (siehe Abb. 39).

Nachdem Sie sich eine Weile auf diese Energiekanäle konzentriert haben, können Sie zum nächsten Schritt übergehen.

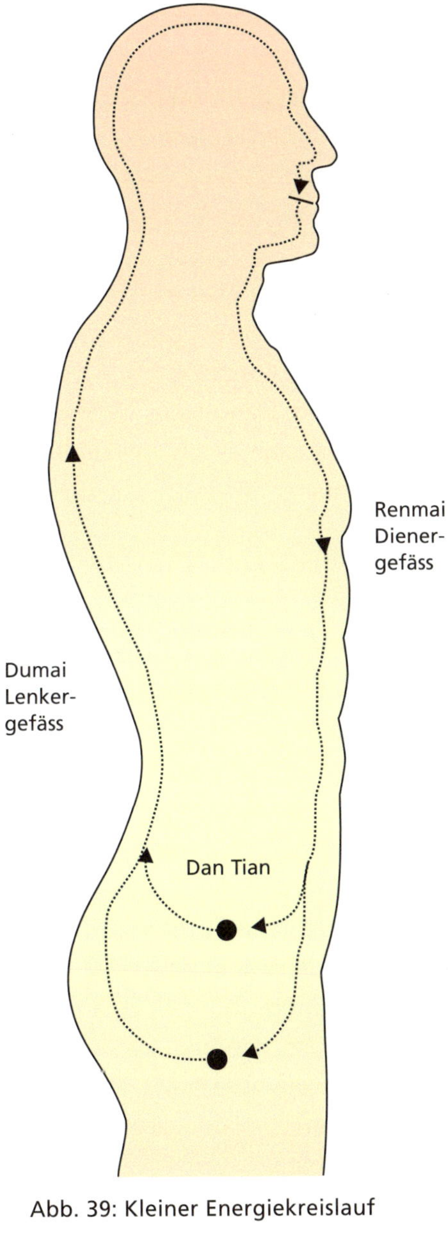

Abb. 39: Kleiner Energiekreislauf

Stellen Sie sich zunächst vor, dass die Qi-Energie beim Einatmen über das Lenkergefäß emporsteigt, bis zum Mund gelangt und beim Ausatmen im Dienergefäß wieder hinunterfließt. Halten Sie die Zungenspitze hinter den oberen Schneidezähnen, um die Verbindung zwischen den beiden Meridianen nicht zu unterbrechen.

Dann schicken Sie kraft Ihrer Vorstellung die Qi-Energie beim Ausatmen bewusst ins Dan Tian hinunter. Spüren Sie, wie sie sich drei Finger breit unter dem Bauchnabel auf einer gedachten Linie ins Innere des Bauches wendet, sich dort sammelt und etwa am Steißbein wieder auf das Lenkergefäß trifft, um dort erneut aufzusteigen.

Um die Qi-Energie wirklich spüren zu können, bedarf es längerer Zeit der Übung. Doch allein die Konzentration auf den »kleinen Energiekreislauf« wird Ihnen dabei helfen, Ihre Körperwahrnehmung deutlich zu intensivieren.

Mit diesen Anregungen zum Selbstüben soll hier genug gesagt sein. Weiterführende Elemente mögen Fortgeschrittene von erfahrenen Lehrern oder aus umfangreicheren Büchern erlernen. In jedem Fall sollten diese relativ einfachen Qi-Gong-Übungen zum festen Übungsgut jedes Tai-Chi-Schülers gehören. Sie sind eine gute Vorbereitung für eine intensivere Praxis des Tai-Chi, bei der die einzelnen Bewegungsabläufe sicher beherrscht werden und die Aufmerksamkeit verstärkt auf den Fluss der Qi-Energie während der Bewegung gerichtet werden kann.

Die Harmonieübung

Für den Anfänger erscheint es sinnvoll, zunächst einige vorbereitende Übungen zu erlernen, bevor er sich an eine kompliziertere und längere Form heranmacht. Im vorletzten Kapitel wurden schon einige Übungen vorgestellt, die der richtigen Grundhaltung und Bewegungsweise bei Tai-Chi förderlich sind. Das letzte Kapitel befasste sich vor allem mit der Atmung.

Hier soll nun eine Kurzform beschrieben werden, die Grundhaltung, Bewegungsfluss und Atemrhythmus miteinander verbindet. Obwohl diese Form relativ einfach ist, enthält sie doch wesentliche Elemente der längeren Tai-Chi-Formen wie:

- feste Verwurzelung in der Erde mit eingesunkenen Knien
- zum Himmel aufgerichtete Haltung des Oberkörpers
- Zentrierung im Dan Tian (Energiezentrum im Bauch)
- gleichmäßiger und runder Bewegungsfluss
- Wechsel von Yin und Yang (Entspannung/Anspannung)
- Gewichtsverlagerung (leeres Bein – volles Bein)
- Kombination von Atmung und Bewegung
- Konzentration auf die Bewegung über die Augen

In der Harmonieübung werden die fünf chinesischen Elemente (Holz, Feuer, Erde, Metall, Wasser) durch bestimmte Bewegungen dargestellt. Die Lehre von den fünf Elementen ist ein wesentlicher Bestandteil der chinesischen Philosophie und Medizin. Sie sollen sich stets in Harmonie zueinander befinden. Die fünf Elemente entsprechen jeweils unterschiedlichen Jahreszeiten, Himmelsrichtungen, Körperorganen, Sinneswahrnehmungen, Gemütszuständen usw., wie aus der nachfolgenden Übersicht zu ersehen ist.

Wenn ein Element die anderen dominiert oder zu schwach ist, dann ist die Harmonie gestört und als Folge kann zum Beispiel Krankheit auftreten. Entsprechend dieser Auffassung wird in der chinesischen Akupunktur (siehe Seite 25 ff.), in der Kochkunst, der Gesundheitsdiät usw. mit dem Ziel gearbeitet, die schwachen Elemente zu stärken und Körper und Geist wieder ins Gleichgewicht zu bringen.

Die Lehre der fünf Elemente mag an dieser Stelle nur kurz angedeutet sein; es gibt inzwischen ausreichend deutschsprachige Literatur für alle, die mehr Interesse daran haben.

Element	**Holz**	**Feuer**	**Erde**	**Metall**	**Wasser**
Zyklusstufe	Anfang	Wachstum	Höhepunkt	Verfall	Stillstand
Jahreszeit	Frühling	Sommer	Spätsommer	Herbst	Winter
Tageszeit	Morgen	Mittag	Nachmittag	Abend	Nacht
Himmelsrichtung	Osten	Süden	Mitte	Westen	Norden
Klima	Wind	Hitze	Feuchtigkeit	Trockenheit	Kälte
Speicherorgan	Leber	Herz	Milz	Lunge	Niere
Hohlorgan	Gallenblase	Dünndarm	Magen	Dickdarm	Blase
Wahrnehmung	sehen	sprechen	schmecken	riechen	hören
Geschmack	sauer	bitter	süß	scharf	salzig
Gemütszustand	Ärger	Lust/Gier	Sorge	Trauer	Angst
Farbe	grün	rot	gelb/braun	weiß	blau/ schwarz

Übung 14: Die 5-Elemente-Übung »Harmonie«

Der Vorteil der Harmonieübung für den Anfänger des Tai-Chi liegt darin, dass ihre fünf Teile fließend ineinander übergehen und sie beliebig oft ununterbrochen hintereinander ausgeführt werden kann. Damit kann sich das für den kontinuierlichen Bewegungsfluss bei Tai-Chi so wichtige Gefühl besser herausbilden als bei mehreren Einzelübungen.

Ich beginne mit der Harmonieübung meist in der ersten Stunde von Anfängerkursen. Die Teilnehmer können so – verstärkt durch eine Kreisformation und zum Teil auch durch Meditationsmusik – wichtige Grunderfahrungen im Tai-Chi als Bewegungsmeditation machen. Im Folgenden werden Bewegungsablauf und Atmung bei den fünf Phasen beschrieben.

Das Element Wasser

Wir stehen in der Grundstellung des Tai-Chi mit parallelen Füßen in schulterbreitem Abstand voneinander. Die Knie sind eingesunken, das Becken ist leicht gekippt, Oberkörper und Kopf sind aufgerichtet, Schulter und Arme hängen locker an der Seite. Wir machen lange, tiefe Atemzüge in den Bauch hinein und schauen geradeaus in die Ferne. Einatmung und Ausatmung sind wieder jeweils mit ★ beziehungsweise ☆ gekennzeichnet.

★ Die Arme treiben passiv nach oben, bis sie etwa waagerecht stehen; dabei bleiben die Ellenbogen leicht angewinkelt. Wir stellen uns vor, dass sie von Wasser emporgetragen werden (Abb. 40 und Abb. 41).

Abb. 40: Die Wasser-Übung I

Abb. 41: Die Wasser-Übung II

Abb. 42: Die Wasser-Übung III

Abb. 43: Die Wasser-Übung IV

☆ Dann ziehen wir die Arme etwas zur Brust heran und lassen sie wieder nach unten sinken. Dabei fließen die Hände so weich wie Wasser mit. Dann beugen sich zunächst der Kopf und der Oberkörper – der Bewegung der Arme folgend – und danach auch die Beine, und wir kommen allmählich in die Hocke. Dabei sollten die Fußsohlen auf dem Boden stehen bleiben.

Wir stellen uns dazu vor, dass Finger, Hände, Arme, Kopf usw. die unzähligen Tropfen eines Wasserfalls bilden, der wie in Zeitlupe zur Erde herniedergeht (Abb. 42 und Abb. 43).

Das Element Holz

★ In einer schaufelförmigen Bewegung drehen wir die Hände nach innen, als wollten wir etwas aus dem Wasser herausschöpfen. Wir führen die Handflächen vor

Abb. 44: Die Holz-Übung I

Abb. 45: Die Holz-Übung II

Abb. 46: Die Holz-Übung III

Abb. 47: Die Holz-Übung IV

das Gesicht und schauen in sie hinein, während wir uns allmählich aus der Hocke wieder in den Stand erheben. Die Kraft für diese langsame Aufwärtsbewegung kommt aus den Oberschenkeln.

Die Arme treiben weiter bis über den Kopf empor und wir schauen den Händen nach (Yang-Phase). Wir stellen uns dazu vor, dass eine Pflanze (»Holz«), die anfangs noch ganz zart ist, aus dem Wasser hervorkeimt und immer größer und größer wird, bis ein hoher, starker Baum vor uns steht (Abb. 44 und Abb. 45).

☆ Dieser Baum entfaltet dann ein breites Kronendach, das wir durch eine bogenförmige Bewegung der Hände von oben zu den beiden Seiten bis auf Schulterhöhe herab nachzeichnen. Dabei sollten die Handgelenke wieder ganz weich werden (Yin-Phase) und die Hände gerade noch aus den Augenwinkeln zu sehen sein (Abb. 46 und Abb. 47).

Das Element Feuer

★ Während bisher das Körpergewicht gleichmäßig auf beide Beine verteilt war, verlagern wir es nun zunächst auf das rechte Bein und drehen dann das Becken und den unbelasteten linken Fuß auf der Ferse um 90° nach links. Gleichzeitig führen wir beide Hände so vor die Brust, dass die Handflächen nach außen zeigen (Abb. 48).

☆ Während wir das Gewicht vom rechten auf das linke Bein verlagern, drücken die Hände nach vorn, bis die Arme fast gestreckt sind. Dabei gilt es, darauf zu achten, dass der Oberkörper nicht vor- oder zurückgekippt wird. Vielmehr wird das Becken durch die Gewichtsverlagerung der Beine auf einer Ebene vor- und zurückgeschoben, während die Wirbelsäule aufrecht bleibt. Das vordere Knie sollte nicht über die Zehenspitzen hinausragen.

Zu diesem Teil stellen wir uns vor, dass wir die Liebe, die wie »Feuer« im Herzen brennt, von uns an die Welt hinausgeben (Abb. 49).

★ Danach bekommen wir aber auch Liebe von der Welt zurück. Um dies auszudrücken, drehen wir die Handflächen wieder nach innen und ziehen die Arme etwas heran, als ob wir mit ihnen einen großen Ball umfassen würden. Gleichzeitig verlagern wir das Gewicht wieder vom linken auf das rechte Bein und drehen dann Becken und linken Fuß zurück zur Mitte (Abb. 50).

Abb. 48: Die Feuer-Übung I

Abb. 49: Die Feuer-Übung II

Abb. 50: Die Feuer-Übung III

Es folgt die spiegelbildliche Bewegung zur rechten Seite hin, die mit einer Gewichtsverlagerung auf den linken Fuß und der Drehung des Oberkörpers nach rechts beginnt (Abb. 51).

☆ Dann verlagern wir das Gewicht vom linken auf das rechte Bein, schieben das Becken vor und drücken die Arme wieder nach vorn weg. Die Augen folgen bei der gesamten Bewegung jeweils den Händen (Abb. 52).

Das Element Erde

★ Die Handflächen bleiben zunächst nach außen gerichtet, während wir das Körpergewicht auf das linke Bein zurückverlagern und danach zur Mitte zurückdrehen. Gleichzeitig trennen sich die Hände und der linke Arm beschreibt einen horizontalen Bogen nach links. Beide Beine sind jetzt wieder gleichmäßig belastet (Abb. 53).

Abb. 51: Die Feuer-Übung IV

Abb. 52: Die Feuer-Übung V

Die Arme beginnen eine kreisförmige Bewegung zur Seite, nach unten und zurück zur Mitte, bis sich die Hände vor dem Unterbauch wieder treffen. Die rechte Hand gleitet unter die linke. Beide Hände steigen bis auf Höhe des Zwerchfells empor, wobei die Handflächen zum Körper hinweisen (Abb. 54).

Abb. 53: Die Erde-Übung I

☆ Nach diesem Bewegungsablauf drehen sich die Hände wieder nach außen und gleiten seitwärts auseinander, bis sie neben den Hüftknochen ankommen. Dabei weicht allmählich alle Spannung aus den Handgelenken.

Abb. 54: Die Erde-Übung II

Abb. 55: Die Erde-Übung III

Abb. 56: Die Erde-Übung IV

Der Blick bleibt während der gesamten Bewegung nach vorn gerichtet. Wir stellen uns vor, dass wir alle von der »Erde« geernteten Früchte einsammeln und danach wieder etwas an die Erde zurückgeben (Abb. 55 und Abb. 56).

Das Element Metall

★ Der Oberkörper wendet sich aus dem Becken heraus um 45° nach links, aber diesmal bleiben die Füße im Parallelstand. Die Arme treiben sanft im Bogen nach vorn empor und die Augen verfolgen die Bewegung der Hände, sobald sie über den Kopf hochsteigen. Das Körpergewicht verlagert sich allmählich auf das linke Bein, der rechte Fuß stellt sich auf die Spitze und der Oberkörper reckt sich zum Himmel hin. Die Hände drehen sich so zueinander hin, als ob Sie mit Ihnen einen mittelgroßen Ball über dem Kopf halten würden (Abb. 57 und Abb. 58).

Abb. 57: Die Metall-Übung I

☆ Das Körpergewicht geht wieder zurück auf beide Beine und wir drehen uns zur Mitte zurück. Die Hände bleiben einander zugewandt und sinken vor der Brust nach unten, wobei sich die Ellenbogen und die Knie beugen. Wir folgen der Bewegung der Hände mit den Augen bis auf Kopfhöhe und schauen dann wieder geradeaus. Dabei stellen wir uns vor, dass wir mit den Händen an einer blank polierten Metallsäule hinunterstreichen würden (Abb. 59). Vor dem Bauch trennen sich die Hände und gehen wieder seitlich neben die Hüftknochen.

Abb. 58: Die Metall-Übung II

★ Es folgt eine spiegelbildliche Bewegung zur rechten Seite, die mit der Drehung des Oberkörpers um 45° nach rechts beginnt. Während die Arme emporsteigen, wächst die Anspannung bis zum obersten Punkt (Übergang von Yin nach Yang – Abb. 60 und Abb. 61).

☆ Nach der Streckung nach schräg rechts oben mindert sich die Spannung allmählich und geht beim Hinabgleiten der Arme immer mehr in Entspannung über (Wechsel von Yang nach Yin – Abb. 62). Wenn die Hände seitlich neben den Hüften

Abb. 59: Die Metall-Übung III

Abb. 60: Die Metall-Übung IV

Abb. 61: Die Metall-Übung V

angekommen sind, stehen wir wieder in der Ausgangsstellung und können unmittelbar mit der Bewegung des Elements Wasser fortfahren (Abb. 63).

Es empfiehlt sich, zunächst den Bewegungsablauf einzuüben. Später kann man den Atemrhythmus dazunehmen oder die Atmung einfach vergessen. Alle Bewegungen sollen in einem gleichmäßigen, dabei relativ langsamen Tempo durchgeführt werden. Die Atmung wird sich mit der Zeit von allein vertiefen.

Die Harmonieübung kann fünf- bis zehnmal wiederholt werden und sollte stets mit dem Element Erde, das heißt nach dem Überkreuzen der Hände, abgeschlossen werden. Beginn und Abschluss entsprechen damit den längeren Formen des Yang-Stils.

Die Harmonieübung beginnt mit dem Wasser; aus dem Wasser heraus entsteht der Keim für die Pflanze, die zu kräftigem Holz heranwächst; mit dem Holz kann das Feuer entfacht werden; durch Feuer verbranntes Holz wird zu Erde; unten in der Erde entsteht das Metall; aus den tiefen Schichten der Erde mit ihren Erzen aber dringt wieder Wasser nach oben. So nährt ein Element das andere.

Abb. 62: Die Metall-Übung VI

Mit der Zeit wird es Ihnen gelingen, sich immer mehr in die Philosophie der fünf Elemente und ihren Wandlungszyklus hineinzuspüren und den beständigen Wechsel von Yin und Yang in der Bewegung am eigenen Körper zu erleben. Die Harmonieübung ist zugleich hervorragend geeignet, auf die komplizierteren und längeren Formen des Tai-Chi vorzubereiten.

Abb. 63: Die Metall-Übung VII

Partnerübungen

Partnerübungen bilden bei Tai-Chi eine wichtige Ergänzung zu den Soloformen, die einzeln ausgeführt werden. Sie werden im Chinesischen als Tui Shou bezeichnet, was so viel wie »Hände schieben« heißt; doch hat sich bei uns die englische Bezeichnung »Push Hands« durchgesetzt, die im Folgenden auch hier verwendet wird.

Beim »Push Hands« ist der Aspekt der Selbstverteidigung im Tai-Chi besonders deutlich zu erkennen. Dennoch handelt es sich in der praktischen Übung nicht um eine Art Kampfsport, sondern auch hier steht das Erlebnis der Bewegungsmeditation im Vordergrund. Man könnte es auch als eine Art Tanz gemeinsamer Harmonie und der Ergänzung gegensätzlicher Polaritäten ansehen. Dabei wird jedoch zugleich die Aufmerksamkeit trainiert. Und ein Partner kann den anderen schnell aus dem Gleichgewicht bringen, wenn er nicht fest verwurzelt auf dem Boden steht oder unkonzentriert ist.

Beim »Push Hands« wird das Wechselspiel von Yin und Yang besonders deutlich. Anspannung und Entspannung, Vor und Zurück, Voll und Leer, Öffnen und Schließen,

Gemeinsame Balance-Übung

Die Partnerübungen im Tai-Chi werden im Chinesischen als »Tui Shou« bezeichnet, was dem deutschen Ausdruck »Hände schieben« entspricht. Dabei handelt es sich weniger um angewandte Selbstverteidigung als um eine Art von gemeinsamer Balance-Übung. Beide Partner bilden zusammen einen Yin-Yang-Kreis.

Einatmen und Ausatmen wechseln nicht nur bei ein und derselben Person in regelmäßigem Zyklus einander ab, sondern ergänzen sich bei den beiden Partnern stets zu einem harmonischen Ganzen. Ist einer der Partner ganz im Yang, dann ist der andere gerade ganz im Yin; geht der eine von Yang nach Yin, dann geht der andere von Yin nach Yang. Während der eine ausatmet, atmet der andere ein; während der eine nach vorn geht, geht der andere zurück usw. Beide Partner bilden sozusagen gemeinsam einen Yin-Yang-Kreis.

Auch beim »Push Hands« wird stets ein kontinuierlicher, runder, langsamer und gleichmäßiger Bewegungsfluss beibehalten.

Bei dieser Art von Partnerübungen gibt es zahlreiche Variationen:

- einhändiges und beidhändiges »Push Hands«
- Wechsel von rechter und linker Hand, rechtem und linkem Bein
- Kombination mit verschiedenen Schrittfolgen
- Angriff zur Brust, zum Kopf, zum Bauch und Abwehr desselben

Weiter gehende Formen bestehen aus zum Teil frei ausgeführten Elementen von Angriff und Verteidigung und werden im Chinesischen als »Ta Lu« und »San Shou« bezeichnet. Hier soll lediglich eine Grundform des »Push Hands« mit einer einfachen Vorübung dargestellt werden, die auch von Anfängern leicht erlernt werden kann.

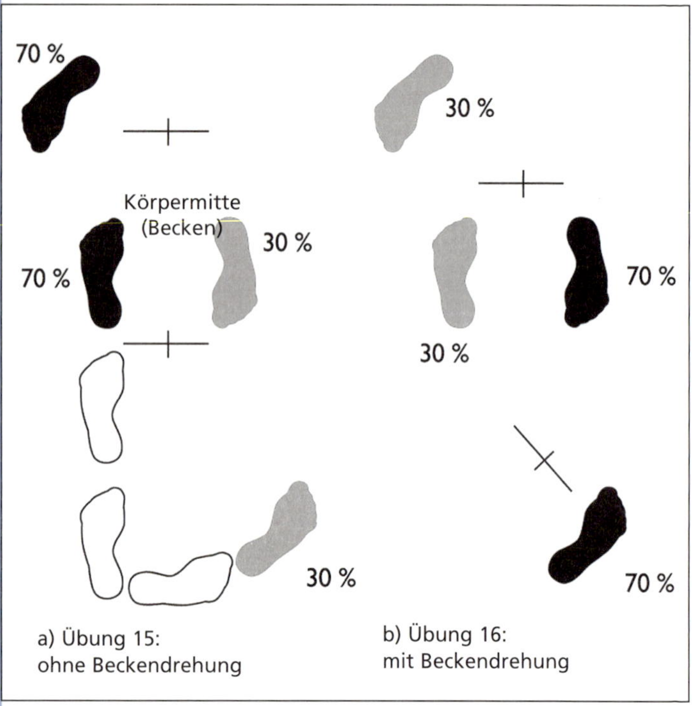

Abb. 64: Die Fußstellung beim »Push Hands«

Übung 15: Einfaches Händeschieben vor und zurück

Abb. 65:
Einfaches Händeschieben vor

Partner A und B stehen sich in der »Schützenstellung« gegenüber. Das linke Bein steht vorn und zeigt in Richtung Partner. Die beiden linken Füße stehen parallel und in etwa 30 cm Abstand nebeneinander, so dass die Fußinnenkanten einander zugewandt sind. Das rechte Bein steht so, als ob man es aus der Grundstellung des Tai-Chi (schulterbreiter Parallelstand) möglichst weit nach hinten weggeschoben hätte. Gleichzeitig wird der Fuß um 45° nach außen gedreht, so dass man einen festen Stand hat (siehe Abb. 64 a). Becken und Oberkörper der beiden Partner sind dabei einander zugewandt.

Legen Sie nun Ihre Hände etwa auf Brusthöhe gegen die Ihres Partners, so dass Sie sich gegenseitig vor- und zurückschieben können. Geht Ihr Partner mit seinem Gewicht auf das vordere (linke) Bein, dann verlagern Sie Ihr Gewicht zurück auf das hintere (rechte) Bein.

Abb. 66: Einfaches Händeschieben zurück

Dann wechseln Sie die Rollen und schieben Ihren Partner zurück. Dabei können die Arme beim Vordringen leicht vorgestreckt und beim Zurückweichen leicht zurückgezogen werden. Das Gewicht ist zu etwa siebzig Prozent auf dem vorderen und zu etwa dreißig Prozent auf dem hinteren Bein verteilt – beziehungsweise genau umgekehrt (Abb. 65 und Abb. 66).

Die Bewegung kommt dabei nicht aus dem Oberkörper, sondern aus dem Becken und den Beinen. Durch den steten Gewichtswechsel zwischen vorderem und hinterem Bein wird das Becken und damit der Oberkörper vor- und zurückgeschoben.

Achten Sie dabei unbedingt darauf, den Oberkörper nicht nach vorn oder hinten überkippen zu lassen! Dies ist ein Fehler, den Anfänger immer wieder machen. Auch der Kopf bleibt aufrecht und der Blick geradeaus gerichtet, wobei Sie Ihren Partner nicht fixieren sollten.

Üben Sie dies zunächst eine Weile und wechseln Sie dabei auch die Seiten (rechter Fuß vorn). Dann konzentrieren Sie sich auf die Atmung; atmen Sie beim Zurückweichen ein und beim Vorwärtsdrücken aus. Partner A atmet aus, während Partner B einatmet und umgekehrt. Atmen Sie immer tiefer aus dem Bauch heraus und Ihre Bewegung wird wie von selbst langsamer werden.

Achten Sie nun verstärkt darauf, alle Anspannung aus den Armen und Schultern herauszunehmen! Machen Sie sich bewusst, dass es nicht um einen Vergleich der Muskelkräfte geht, sondern darum, eine sanfte Bewegung miteinander zu erleben. Wenn A aktiv vordringt, lässt sich B passiv zurückschieben und umgekehrt. Versuchen Sie, dabei immer weniger Kraft aufzuwenden und Ihren Energiestrom aus dem Dan Tian heraus zu spüren.

Um Ihr Gefühl für die gemeinsame Bewegung noch mehr zu entwickeln, lösen Sie Ihre Handflächen von denen des Partners und halten Sie sie im Abstand von fünf bis zehn Zentimetern zueinander. Können Sie spüren, wie Wärme von den Handflächen Ihres Partners abstrahlt? Schließen Sie einmal die Augen; vielleicht spüren Sie jetzt mehr. Versuchen Sie, dabei intuitiv im gleichen Bewegungstakt zu bleiben wie Ihr Partner.

So einfach diese Vorübung auch aussehen mag, so hilfreich kann sie doch sein, um die nötige Sensibilität und Aufmerksamkeit für das »Push Hands« zu entwickeln.

Übung 16: Einhändiges »Push Hands« (Mühlsteinübung)

Die Grundstellung der Füße beider Partner bleibt dieselbe wie in der vorigen Übung, ebenso das Bewegungsprinzip des steten Wechsels von Vordringen und Zurückweichen. Das Neue an dieser Übung können Sie zunächst besser für sich allein ausprobieren.

Stellen Sie den linken Fuß vor und den rechten zurück. Nun drehen Sie beim Zurückweichen das Becken um etwa 45° nach außen, und zwar zur Seite des hinteren Fußes, das heißt nach rechts (siehe Abb. 64 b). Am Umkehrpunkt von Zurück nach Vor drehen Sie das Becken langsam wieder zur Mitte zurück, um dann Ihr Gewicht wieder auf das vordere (linke) Bein zu verlagern. Der Schwung dafür kommt gleichsam aus der Drehung des Beckens zur Seite, die zugleich eine gute Massage für die Hüftgelenke sowie für die Bauchorgane ist und als förderlich für die Verdauung angesehen wird.

Nun halten Sie Ihren rechten Unterarm in etwa 30 cm Abstand waagerecht vor die Brust, mit der Handfläche zum Körper gerichtet (schützende Haltung), und weichen mit dem Gewicht nach hinten zurück (Abb. 67).

Abb. 67: Zurückweichen

Dort kippen Sie den Ellenbogen nach unten, so dass der Unterarm fast senkrecht steht, und drehen die Handfläche nach außen. Mit dieser Armhaltung drücken Sie nach vorn, als ob Sie Ihren Partner wegschieben wollten (Abb. 68). Die linke Hand steht derweil die ganze Zeit neben der Hüfte, als ob Sie sich dort auf die Luft aufstützen könnten, und der linke Arm bleibt im Ellenbogen leicht angewinkelt.

Abb. 68: Nach vorn drücken

Nach dieser Vorübung für sich allein können Sie sich wieder zu zweit gegenüberstellen und mit der gemeinsamen Bewegung beginnen.

Abb. 69:
Sie drücken gegen den Partner

Drücken Sie nun beim Vorschieben gegen das Handgelenk Ihres Partners. Dieser zieht sich zurück und dreht Oberkörper und Arm zur Seite weg, so dass Ihre angreifende Energie seitlich an ihm vorbeifließt (Abb. 69 und Abb. 70).

Abb. 70: Der Partner weicht aus

Achten Sie darauf, nur so weit vorzugehen, dass Ihr Knie senkrecht über den Zehenspitzen steht; andernfalls verlieren Sie leicht das Gleichgewicht. Am Umkehrpunkt wenden sich beide Hände im Handgelenk und Ihr Partner drückt nun seinerseits gegen Ihr Handgelenk (Abb. 71 und Abb. 72).

Abb. 71: Jetzt drückt der Partner gegen Ihr Handgelenk

Ihre Hände gehen nicht mehr einfach vor und zurück wie bei der vorigen Übung, sondern sie bewegen sich infolge der Seitwärtsdrehung kreisförmig. Doch der Impuls für Ihre Armbewegungen kommt stets aus der Bewegung des Beckens, das wie ein Mühlstein in den Hüftgelenken rotiert.

Abb. 72: Sie lassen die angreifende Energie abfließen

Wechseln Sie nach einiger Zeit die Seiten, das heißt, Sie setzen den rechten Fuß vor und arbeiten nun mit der linken Hand (Abb. 73).

Beim »Push Hands« wird ein Grundprinzip des Tai-Chi deutlich sichtbar: Einer angreifenden Kraft wird kein

Abb. 73: Stellung der Hände beim »Push Hands«

Widerstand entgegengesetzt, sondern sie wird kreisförmig abgelenkt. Drückt Ihr Partner zu stark nach vorn, so verliert er durch Ihr Ausweichen seinen stabilen Stand. Dann reicht ein leichter Zug an seinem Handgelenk und er stolpert – verursacht durch seine eigene Kraft – seitlich an Ihnen vorbei nach vorn. Diesen Effekt des Tai-Chi bezeichnen die Chinesen mit dem Satz: »Die Kraft einer Tonne mit fünf Unzen (ca. einhundert Gramm) besiegen.«

Ohne zu komplizierteren Formen des »Push Hands« überzugehen, können Sie mit dieser relativ einfachen Übung zahlreiche Wirkungen der Tai-Chi-Partnerübungen ausprobieren. So können Sie sich einmal stärker auf den Aspekt der Selbstverteidigung konzentrieren und einmal mehr auf den der Bewegungsmeditation.

Im ersten Fall (Schwerpunkt Selbstverteidigung) versuchen Sie, gegen das Brustbein Ihres Partners zu drücken (Yang). Dieser wehrt sich aber nicht dadurch, dass er starr dagegenhält, sondern indem er flexibel zurückweicht und Ihre Kraft zur Seite ablenkt (Yin). Wenn sein Zentrum aber nicht im Becken, in der Körpermitte, liegt, sondern in die Brust und die Schultern hochrutscht, können Sie ihn leicht entwurzeln. Legen Sie selbst hingegen zu viel Kraft in Ihre Bewegung nach vorn, so kann er Sie aus dem Gleichgewicht bringen.

Denken Sie immer daran, dass es hier nicht um Muskel- oder Schwungkraft geht, sondern um die innere Kraft (Qi-Kraft). Es kommt darauf an, Standfestigkeit mit Flexibilität zu verbinden oder, wie die Chinesen sagen, »außen weich und innen stark« zu sein.

Im zweiten Fall (Schwerpunkt Bewegungsmeditation) schließen Sie wieder die Augen und lassen sich einfach in endlosen Kreisen treiben. Spüren Sie, wie Ihr Bewusstsein dabei zunehmend wacher wird und Sie die von Ihrem Partner ausgehende Energie förmlich »hören« können.

Erinnern Sie sich an die Hinweise zur Atmung und versuchen Sie, Ihre gemeinsame Bewegung immer langsamer und gleichmäßiger, immer runder und weicher werden zu lassen. Zuletzt spüren Sie die Berührung Ihres Partners nur noch wie einen Hauch, ganz so wie bei Übung 15 in der Phase ohne Berührung der Hände.

Vielleicht erleben Sie mit alten oder neuen Bekannten eine ganz neue Qualität von sanftem Berührtwerden und harmonischer Bewegung. Helfen Sie sich gegenseitig dabei, Ihre Yin- und Ihre Yang-Seite zu entdecken und zu entfalten. Erleben Sie das »Push Hands« als ein Spiel, bei dem Sie Ihrem Partner seine Schwächen zeigen können, wenn er einen Moment lang unaufmerksam ist, ohne dass Sie ihn dabei »besiegen« wollen.

Sie werden erleben, wie Ihre gemeinsame Bewegung mit der Zeit immer perfekter und harmonischer wird, wie sich Ihr Geist dabei beruhigt und Sie in eine freudige Gemütsverfassung gelangen. Zugleich bilden Bewegungsprinzipien und Bewegungsfluss beim einfachen »Push Hands« eine gute Vorbereitung für die längeren und komplizierteren Soloformen des Tai-Chi.

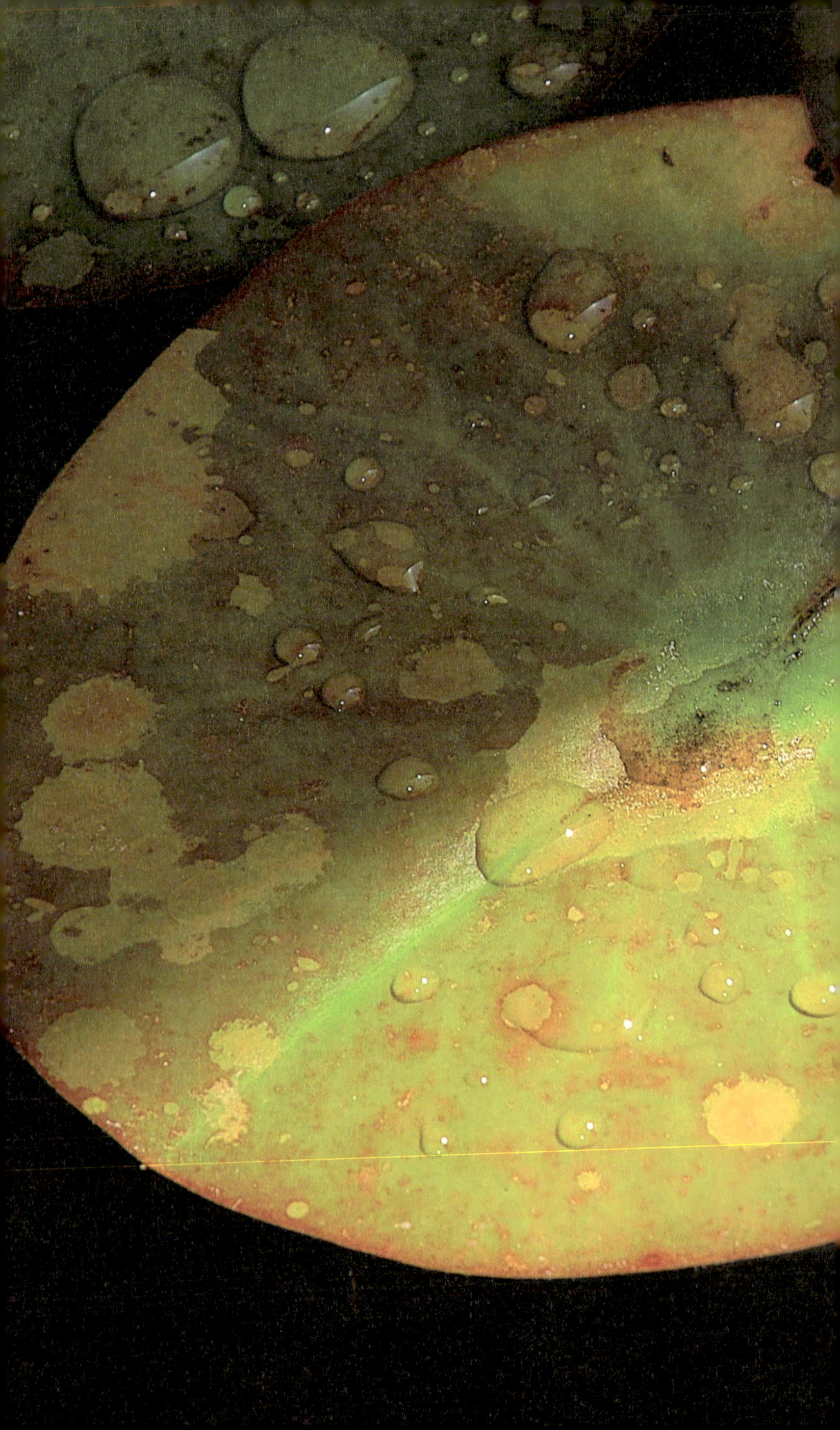

Die Peking-Form

Die »Peking-Form« oder 24er-Form wurde 1956 auf der Grundlage des klassischen Yang-Stils neu zusammengestellt und vom Nationalen Sportkomitee der Volksrepublik China öffentlich propagiert. Sie wurde daraufhin in zahlreichen Schulen und Sanatorien eingeführt und für viele Menschen in China zugänglich, die vorher nichts damit zu tun hatten. Bis heute ist sie die in China und weltweit am weitesten verbreitete Tai-Chi-Form.

Die Namen der 24 Figuren sind teils bildhaft zu verstehen (z. B. »Den Vogel beim Schwanz fassen«), teils bezeichnen sie die Techniken (z. B. »Stoß mit der rechten Ferse«). Der Bewegungsfluss ist kontinuierlich, ohne Stopps und Tempowechsel. Die Ausführung der gesamten Form dauert fünf bis sechs Minuten.

Wenn Sie die Peking-Form erlernen, sollten Sie zuallererst auf korrekte Fußstellungen achten. Es sind nicht viele verschiedene, doch sie werden unterschiedlich kombiniert. Anschließend konzentrieren Sie sich auf die Körperdrehungen. Hüften und Schultern bewegen sich stets als Einheit; alle Drehimpulse kommen vom Becken her. Erst dann sollte sich die Aufmerksamkeit auf die Bewegungen der Arme und Hände richten. Denn im Tai-Chi folgen die Arme stets den Beinen und dem Becken. Die Arme bewegen sich weich und schwebend, die Hüften sind geschmeidig und die Beine bilden eine solide und kraftvolle Basis für alle Bewegungen.

Die 24 Figuren der Peking-Form

1. Der Anfang (Das Qi wecken)
2. Die Mähne des Pferdes teilen – links und rechts
3. Der Kranich breitet seine Flügel aus
4. Das Knie streifen mit Drehschritt links und rechts
5. Die Laute spielen
6. Rückwärts gehen und den Affen abwehren
7. Den Vogel beim Schwanz fassen – links
8. Den Vogel beim Schwanz fassen – rechts
9. Die einfache Peitsche
10. Die Hände wie Wolken bewegen
11. Die einfache Peitsche
12. Das Pferd am Hals klopfen
13. Stoß mit der rechten Ferse
14. Auf die Ohren schlagen
15. Drehen und Stoß mit der linken Ferse
16. Die gehockte Peitsche links (Schlange und Goldener Hahn)
17. Die gehockte Peitsche rechts (Schlange und Goldener Hahn)
18. Das Weberschiffchen schleudern – rechts und links
19. Die Nadel auf dem Meeresgrund
20. Die Arme wie einen Fächer ausbreiten
21. Drehen, Abwehren nach unten, Parieren und Fauststoß
22. Zurückziehen und Stoßen
23. Die Hände kreuzen
24. Der Abschluss

Die Fußstellungen der Peking-Form

1. Der »Bogenschritt« (Abb. 74) wurde bereits als Bewegungsweise eingeführt (vgl. S. 85ff.) und im Rahmen der Partnerübungen als Diagramm dargestellt (vgl. Abb. 64). Der Winkel zwischen den Füßen beträgt immer 45° und die Gewichtsverteilung ist 70% vorn und 30% hinten oder umgekehrt. Diese Stellung kommt bei den Figuren Nr. 2, 4, 7, 8, 9, 11, 13, 14, 16, 17, 18, 20, 21, 22 und 23 vor.

Abb. 74: Bogenschritt

2. Im »leeren Schritt« (Abb. 75 und 76) bilden die Füße ebenfalls einen Winkel von 45°. Dabei ruht das Körpergewicht zum größten Teil auf dem hinteren Fuß, wohingegen der vordere Fuß nur leicht aufgesetzt ist. In einigen Figuren (Nr. 3, 6, 12 und 19) wird der vordere Fuß mit dem Fußballen aufgesetzt und trägt nur

Abb. 75: Leerer Schritt 1

10% des Gewichts, in der Figur Nr. 5 wird er mit der Ferse aufgesetzt und trägt 20% des Gewichts.

Abb. 76: Leerer Schritt 2

3. In der Grundstellung (Abb. 77) stehen beide Füße parallel zueinander und tragen jeweils 50% des Körpergewichts (Nr. 1, 23 und 24). In der Figur Nr. 10 wechseln der breite und der schmale Stand mit parallelen Füßen. Dabei verschiebt sich das Körpergewicht allmählich von dem einen auf den anderen Fuß.

Abb. 77: Parallelstand

4. Bei allen Stellungen auf einem Bein ist es wichtig, dass man das Gleichgewicht gut halten kann. Bei den beiden Fersenstößen (Nr. 13 und 15) beträgt der Winkel zwischen Standbein und tretendem Fuß etwa 75°, beim »Goldenen Hahn« (Nr. 16 und 17) reichen 45° aus.

5. Der »Nagelschritt« (Abb. 78) ist eine Stellung, die nur beim Übergang von einem Schritt zum nächsten vorkommt. Dabei wird ein Fuß mit der Fußspitze kurz neben dem anderen aufgesetzt, ohne dass er einen Teil des Körpergewichts übernimmt. Dies kommt bei den Figuren Nr. 2, 4, 7, 8, 9, 13, 15 und 18 vor.

Abb. 78: Nagelschritt

6. Eine besondere Fußstellung gibt es bei der »Schlange« (Nr. 16 und 17). Hier stehen beide Füße am Anfang leicht schräg zueinander in einem Winkel von rund 30° und um eine Fußlänge nach hinten versetzt (Abb. 79).

Abb. 79: Breiter Schritt (Schlange)

Ausrichtung der 24 Figuren der Peking-Form

Der Anfang (Das Qi wecken)	12 Uhr
Die Mähne des Pferdes teilen – links und rechts	9 Uhr
Der Kranich breitet seine Flügel aus	9 Uhr
Das Knie streifen mit Drehschritt links und rechts	9 Uhr
Die Laute spielen	9 Uhr
Rückwärts gehen und den Affen abwehren	9 Uhr
Den Vogel beim Schwanz fassen – links	9 Uhr
Den Vogel beim Schwanz fassen – rechts	3 Uhr
Die einfache Peitsche	9 Uhr
Die Hände wie Wolken bewegen	12 Uhr
Die einfache Peitsche	9 Uhr
Das Pferd am Hals klopfen	9 Uhr
Stoß mit der rechten Ferse	10.30 Uhr
Auf die Ohren schlagen	10.30 Uhr
Drehen und Stoß mit der linken Ferse	4.30 Uhr
Die gehockte Peitsche links (Schlange und Goldener Hahn)	3 Uhr
Die gehockte Peitsche rechts (Schlange und Goldener Hahn)	3 Uhr
Das Weberschiffchen schleudern – rechts und links	4 und 2 Uhr
Die Nadel auf dem Meeresgrund	3 Uhr
Die Arme wie einen Fächer ausbreiten	3 Uhr
Drehen, Abwehren nach unten, Parieren und Faustoß	9 Uhr
Zurückziehen und Stoßen	9 Uhr
Die Hände kreuzen	12 Uhr
Der Abschluss	12 Uhr

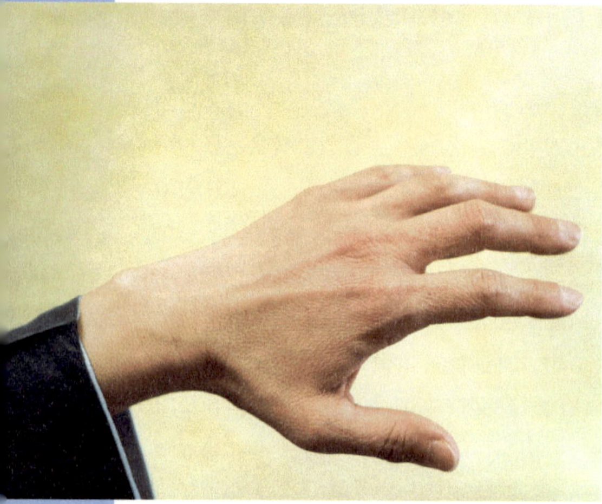

Abb. 80: Offene Hand (Yin)

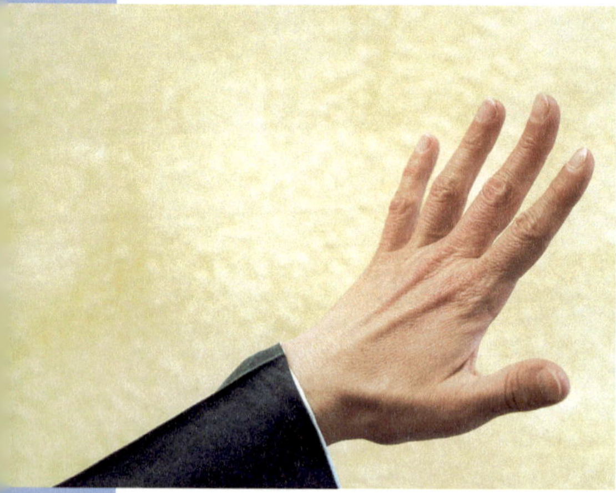

Abb. 81: Offene Hand (Yang)

Bei den Handhaltungen lassen sich die offene Hand in der etwas gerundeten Yin-Position und in der mehr aufgespannten Yang-Position unterscheiden (Abb. 80 und Abb. 81). Bei der Hakenhand werden die Fingerspitzen zusammengelegt und das Handgelenk wird entspannt (Abb. 82). Bei der geschlossenen Faust sollte der Daumen außen auf den mittleren Gliedern von Zeigefinger und Mittelfinger liegen (Abb. 83).

Um die Bewegungsbeschreibung besser verstehen zu können, stellen Sie sich vor, Sie ständen im Zentrum des Zifferblatts einer großen Uhr. In der Anfangs- und Endposition der Peking-Form schauen Sie in Richtung 12 Uhr.

Wenn Sie sich um 90° nach links wenden, schauen Sie in Richtung 9 Uhr. Wenn der linke Fersenstoß (Nr. 15) in Richtung 4.30 Uhr ausgeführt wird, heißt das, von der Ausgangsstellung aus gesehen, schräg nach hinten rechts. Eine Drehung von 4 Uhr auf 2 Uhr (wie bei Nr. 18) bedeutet eine Drehung um 60°. Der Blick folgt stets den Bewegungen des Körpers.

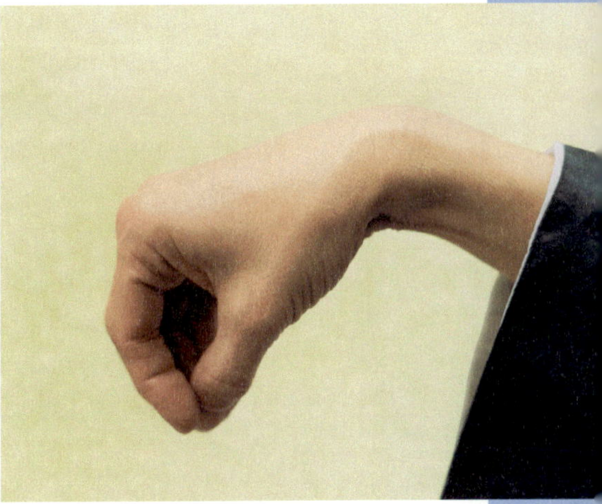

Abb. 82: Hakenhand

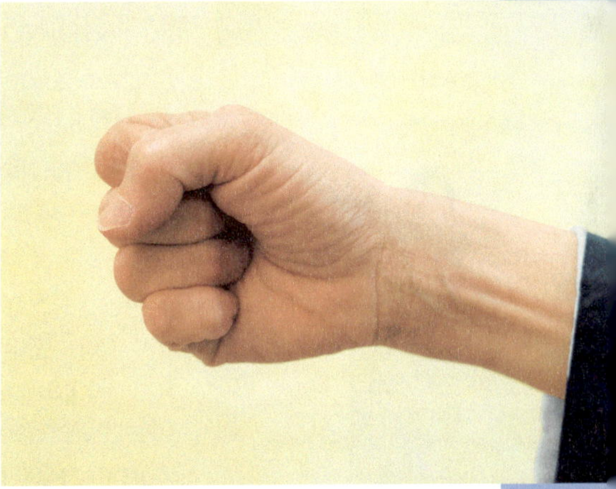

Abb. 83: Fausthand

Atmen Sie beim Üben ruhig, entspannt und gleichmäßig. Mit der Zeit werden sich die Bewegungen nach vorn und nach außen von allein mit dem Ausatmen verbinden und die Bewegungen nach hinten und nach innen mit dem Einatmen. Es gibt jedoch zahlreiche Bewegungen, bei

Abb. 84: Der Anfang

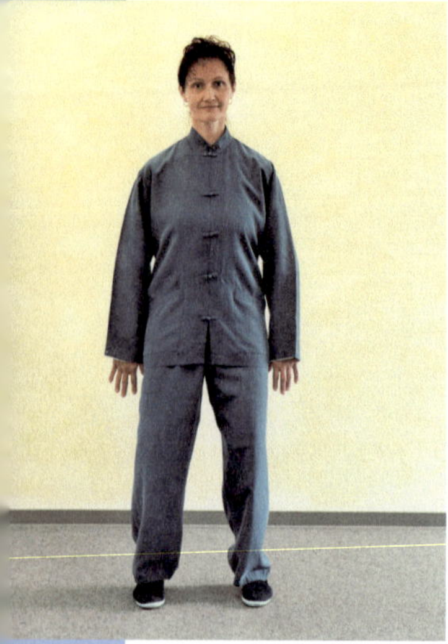

Abb. 85: Der Anfang

denen eine eindeutige Zuordnung nicht möglich ist oder der Rhythmus wechselt. Deshalb sollten Sie die Atmung am besten ganz vergessen, um sich nichts Falsches anzugewöhnen und den natürlichen Bewegungsrhythmus nicht zu stören.

1. Der Anfang (Das Qi wecken)

Stehen Sie natürlich und aufrecht mit parallelen Füßen dicht nebeneinander. Die Arme hängen locker an der Seite herab und die Handflächen zeigen zu den Hüften. Der Bauch ist entspannt, so dass der Atem frei fließen kann. Der Blick geht geradeaus in die Weite (Abb. 84).

Mit den folgenden Bewegungen soll die innere Energie, das Qi, aktiviert werden. Sinken Sie mit dem Körpergewicht etwas ins rechte Bein und machen Sie einen Schritt nach links in den schulterbreiten Stand. Gleichzeitig werden die Arme leicht zur Seite aufgespannt und die Handflächen wenden sich nach hinten (Abb. 85).

Abb. 86: Der Anfang

Die Arme steigen langsam nach oben bis auf Schulterhöhe. Die Handflächen schauen nach unten und die Ellenbogen bleiben locker (Abb. 86).

Die Ellenbogen werden gebeugt und die Hände bis dicht vor die Brust gezogen (Abb. 87).

Die Hände sinken mit leicht drückender Kraft nach unten. Gleichzeitig werden die Knie etwas gebeugt. Bis zum Abschluss der gesamten Form bleiben Sie in dieser etwas tieferen Bewegungshöhe mit nach unten gesunkenem Schwerpunkt (Abb. 88).

Abb. 87: Der Anfang

Abb. 88: Der Anfang

2. Die Mähne des Pferdes teilen – links und rechts

Abb. 89: Die Pferdemähne teilen – links (Ballhaltung)

Abb. 90: Die Pferdemähne teilen – links (Ballhaltung)

Abb. 91: Die Pferdemähne teilen – links

Drehen Sie das Becken auf 1 Uhr und verlagern Sie dabei das Gewicht auf das rechte Bein. Heben Sie den rechten Arm, bis sich die rechte Hand vor der Schulter befindet. Gleichzeitig dreht sich der linke Arm spiralig und bewegt sich im Bogen nach rechts, bis sich die linke Hand senkrecht unter der rechten befindet. Die Handflächen schauen zueinander hin, so als würden Sie einen großen Ballon halten (Abb. 89).

Die linke Ferse hebt sich vom Boden und das Becken wird auf 10.30 Uhr gedreht. Diese Position wird als »Ballhaltung« bezeichnet (Abb. 90).

Der linke Fuß macht einen »Bogenschritt« nach 9 Uhr und wird mit der Ferse zuerst etwas weiter hinten als der rechte Fuß aufgesetzt. Das Gewicht wird allmählich vom rechten auf das linke Bein verlagert, während sich das Becken weiter nach links dreht. Gleichzeitig bewegt sich der linke Arm im Bogen aufwärts nach vorn, während die rechte Hand nach unten drückt (Abb. 91).

Abb. 92: Die Pferdemähne teilen – links

Abb. 93: Die Pferdemähne teilen – rechts

Am Ende dieser Bewegung ist das vordere Knie gebeugt, darf aber keinesfalls über die Fußspitze hinausragen. Das hintere Bein ist locker gestreckt, die hintere Ferse wird auf einen Winkel von 45° ausgedreht und drückt gegen den Boden. Die Füße stehen in der »Bogenschritt«-Stellung mit einem seitlichen Fußabstand von rund 30 cm. Der vordere Fuß zeigt auf 9 Uhr, der hintere auf 10.30 Uhr. Das Becken ist ebenso wie der Blick nach 9 Uhr ausgerichtet. Der linke Arm wird bogenförmig gehalten, die linke Handfläche zeigt schräg nach oben und befindet sich etwas vor dem linken Fuß. Die Fingerspitzen befinden sich auf Höhe der Nasenspitze. Die rechte Hand befindet sich seitlich neben der Hüfte, die Handfläche zeigt nach unten und die Fingerspitzen zeigen nach vorn (Abb. 92).

Verlagern Sie das Gewicht zurück auf das rechte Bein und heben Sie die linke Fußspitze an. Zugleich drehen sich das Becken und der linke Fuß auf 7.30 Uhr und die linke Handfläche wendet sich nach unten (Abb. 93).

Abb. 94: Die Pferdemähne teilen – rechts (Ballhaltung)

Abb. 95: Die Pferdemähne teilen – rechts

Setzen Sie den rechten Fuß im »Nagelschritt« neben dem linken auf. Gleichzeitig bewegt sich die rechte Hand im Bogen unter die linke und wird dabei nach oben gewendet. Die linke Hand befindet sich etwas vor der linken Schulter und die rechte auf Bauchhöhe. Sie stehen jetzt in der »Ballhaltung« links. Der Blick geht ebenfalls nach 7.30 Uhr (Abb. 94).

Machen Sie einen »Bogenschritt« mit dem rechten Fuß nach vorn, so wie zuvor für den linken Fuß beschrieben (Abb. 95).

In der Endposition zeigt die rechte Fußspitze auf 9 Uhr und die linke auf 7.30 Uhr. Das Körpergewicht befindet sich zu 60 bis 70% auf dem rechten Bein und zu 30 bis 40% auf dem linken Bein. Das Becken ist ebenso wie der Blick in Richtung 9 Uhr ausgerichtet. Schauen Sie über die Fingerspitzen der rechten Hand in die Weite (Abb. 96).

Abb. 96: Die Pferdemähne teilen – rechts

Verlagern Sie das Gewicht zurück auf das linke Bein und heben Sie dabei die rechte Fußspitze an. Zugleich dreht sich das Becken auf 10.30

Abb. 97: Die Pferdemähne teilen – links

Abb. 98: Die Pferdemähne teilen – links (Ballhaltung)

Abb. 99: Die Pferdemähne teilen – links

Uhr und die rechte Handfläche wendet sich nach unten (Abb. 97).

Setzen Sie den linken Fuß im »Nagelschritt« neben dem rechten auf und kommen Sie wieder in die »Ballhaltung« rechts. Schließen Sie einen dritten »Bogenschritt« mit dem linken Fuß nach vorn an, so wie bereits zu den Abbildungen 91 und 92 beschrieben (Abb. 98 bis Abb. 100).

Abb. 100: Die Pferdemähne teilen – links

3. Der Kranich breitet seine Flügel aus

Abb. 101: Der Kranich breitet seine Flügel aus (Ballhaltung)

Der Oberkörper dreht sich aus dem Becken etwas nach links auf 8 Uhr. Das Gewicht wird dabei ganz auf das linke Bein verlagert. Der rechte Fuß löst sich vom Boden und wird etwa eine Fußlänge weiter vorn wieder aufgesetzt. Durch diesen halben Schritt wird die Fußstellung kürzer und etwas schmaler. Die rechte Hand bewegt sich bogenförmig unter die linke, die rechte Handfläche wendet sich dabei nach oben zur »Ballhaltung« links (Abb. 101).

Das Körpergewicht wird zurück auf das rechte Bein verlagert, der linke Fuß löst sich vom Boden. Das Becken dreht sich nach rechts auf 10.30 Uhr. Die Arme und der Blick folgen der Körperdrehung. Die rechte Hand steigt schräg nach rechts oben bis auf Kopfhöhe, die linke Hand legt sich vor den rechten Ellenbogen (Abb. 102).

Das Becken dreht sich zurück auf 9 Uhr. Gleichzeitig macht der linke Fuß einen »leeren Schritt« nach vorn und setzt mit dem Fußballen auf. Die linke Hand bewegt sich schräg nach links unten bis vor die linke Hüfte. Mit der Handfläche zeigt sie nach unten, mit den Fingerspitzen nach vorn. Die rechte Handfläche zeigt zum

Abb. 102: Der Kranich breitet seine Flügel aus

Kopf und die Fingerspitzen zeigen nach oben. Das rechte Knie ist leicht gebeugt und der untere Rücken entspannt sich (Abb. 103 und Abb. 104).

Abb. 103: Der Kranich breitet seine Flügel aus

Abb. 104: Kranich (Ansicht von der Seite)

4. Das Knie streifen mit Drehschritt links und rechts

Der Oberkörper dreht sich aus dem Becken auf 8 Uhr. Dabei beginnen die Arme gegenläufig zu kreisen. Die rechte Hand sinkt im Bogen nach links, während die linke emporsteigt (Abb. 105).

Abb. 105: Das Knie streifen (Übergang)

Das Becken dreht sich nach rechts bis auf 10.30 Uhr und die Arme folgen dieser Bewegung. Die linke Hand macht eine schiebende Bewegung nach rechts am Gesicht vorbei und die rechte Hand zieht vor dem Bauch entlang (Abb. 106).

Abb. 106:
Das Knie streifen
(Übergang)

Der linke Fuß wird zum »Nagelschritt« neben den rechten Fuß gesetzt. Die linke Hand sinkt auf Bauchhöhe, während die rechte Hand bis auf Kopfhöhe emporsteigt. Der Blick geht schräg nach hinten zur rechten Hand (Abb. 107).

Machen Sie mit dem linken Fuß einen »Bogenschritt« nach vorn. Das Gewicht wird vom rechten auf das linke Bein verlagert und das Becken dreht sich wieder auf 9 Uhr. Die rechte Hand macht eine schiebende Bewegung nach vorn, während die linke Hand eine bogenförmig streifende Bewegung über das linke Knie ausführt (Abb. 108).

. 107: Das linke Knie streifen

Abb. 108:
Das linke Knie streifen

Genauso wie in der Figur Nr. 2 ruhen am Ende dieser Bewegung wieder 60 bis 70% des Gewichts auf dem linken Bein und 30 bis 40% auf dem rechten. Die linke Hand befindet sich seitlich vor der linken Hüfte, mit der Handfläche zeigt sie nach unten und mit den Fingerspitzen nach vorn. Die rechte Hand ist auf Höhe der rechten Schulter, die Handfläche zeigt nach vorn und die Fingerspitzen zeigen nach oben. Achten Sie darauf, den Oberkörper nicht spiralig zu verdrehen und die Ellenbogen locker zu lassen (Abb. 109).

Ab. 109: Das linke Knie streifen

Abb. 110: Das rechte Knie streifen (Übergang)

Verlagern Sie das Gewicht zurück auf das rechte Bein und heben Sie die linke Fußspitze an. Das Becken und der linke Fuß drehen sich auf 7.30 Uhr. Die Arme folgen dieser Bewegung nach links, wobei sich die linke Handfläche nach oben wendet (Abb. 110).

Setzen Sie den rechten Fuß im »Nagelschritt« neben dem linken auf. Die linke Hand steigt im Bogen bis auf Kopfhöhe, während die rechte Hand auf Bauchhöhe sinkt. Die linke Handfläche schaut dabei nach vorn und die rechte wendet sich zur Erde. Der Blick geht schräg nach hinten zur erhobenen linken Hand (Abb. 111).

b. 111: Das rechte Knie streifen

Abb. 112:
Das rechte Knie streifen

Abb. 113:
Das rechte Knie streifen

Abb. 114: Das linke Knie streifen (Übergang)

Machen Sie mit dem rechten Fuß einen »Bogenschritt« nach vorn und verlagern Sie das Gewicht allmählich auf das rechte Bein. Das Becken dreht sich wieder auf 9 Uhr. Die linke Hand schiebt nach vorn, während die rechte Hand über das rechte Knie streift (Abb. 112).

So kommen Sie in die seitenverkehrte Position zu der in Abbildung 109 gezeigten. Achten Sie darauf, dass der seitliche Abstand zwischen den Füßen etwa 30 cm beträgt und dass vordere Fußspitze, Bauchnabel und Nasenspitze auf 9 Uhr zeigen (Abb. 113).

Verlagern Sie das Körpergewicht zurück auf das linke Bein und drehen Sie das Becken und den rechten Fuß auf 10.30 Uhr. Dabei bewegen sich die Arme bogenförmig mit zur rechten Seite, wie zu Abbildung 106 beschrieben (Abb. 114).

Abb. 115:

Das linke Knie streifen

Abb. 116:

Das linke Knie streifen

Setzen Sie den linken Fuß kurz heran und machen Sie dann einen dritten »Bogenschritt« nach vorn, wie zu den Abbildungen 107 bis 109 erläutert. Die Arme beschreiben dabei wieder einen gegenläufigen Halbkreis schräg nach hinten. Die linke Hand streift über das linke Knie und die rechte schiebt auf Schulterhöhe nach vorn. Spüren Sie die Kraft dafür im hinteren Bein und im Becken. Halten Sie den Kopf aufrecht und schauen Sie am Ende der Bewegung nach vorn in Richtung 9 Uhr (Abb. 115 bis Abb. 117).

Abb. 117: Das linke Knie streifen

5. Die Laute spielen

Verlagern Sie das Gewicht ganz auf den linken Fuß und lösen Sie den rechten Fuß vom Boden. Die rechte Hand schiebt weiter nach vorn, dabei entspannt sich das Handgelenk, so dass sich die Handfläche nach unten wendet (Abb. 118).

Der rechte Fuß macht einen halben Schritt vor und wird etwa eine Fußlänge weiter vorn mit der Spitze zuerst wieder aufgesetzt. Das Gewicht wird nach hinten auf das rechte Bein verlagert, wobei sich das Becken nach rechts bis auf 10 Uhr dreht. Dadurch wird der rechte Arm zurückgezogen, während der linke mehr nach vorn kommt. Die linke Hand steigt nach oben und die rechte Hand sinkt (Abb. 119).

Abb. 118: Die Laute spielen

Abb. 119: Die Laute spielen

Abb. 120: Die Laute spielen

Abb. 121: Laute
(Ansicht von der Seite)

Am Ende dieser Bewegung wird der linke Fuß im »leeren Schritt« mit der Ferse auf dem Boden aufgesetzt. Die linke Fußspitze zeigt auf 9 Uhr, die rechte auf 10.30 Uhr. Der Oberkörper ist aufgrund der Beckenstellung schräg nach rechts gedreht. Die Handflächen zeigen nach innen, die rechte etwa zum Ellenbogen des linken Arms. Die Fingerspitzen der linken Hand befinden sich auf Nasenhöhe. Der Blick geht über sie hinweg in Richtung 9 Uhr (Abb. 120 und Abb. 121).

6. Rückwärts gehen und den Affen abwehren

Abb. 122: Den Affen abwehren – rechts

Der Oberkörper dreht sich aus dem Becken etwas weiter nach rechts bis auf 11 Uhr. Die rechte Hand bewegt sich in einem Halbkreis an der Hüfte vorbei schräg nach hinten, wo sie wieder auf Schulterhöhe emporsteigt. Dabei wenden sich beide Handflächen nach oben. Der Blick folgt der rechten Hand schräg nach hinten auf 1 Uhr (Abb. 122 und Abb. 123).

Abb. 123: Den Affen abwehren – rechts

Abb. 124: Den Affen abwehren – rechts

Das Becken wird auf 9 Uhr zurückgedreht, und der Blick folgt dieser Bewegung nach vorn. Der linke Fuß löst sich vom Boden, um einen Schritt nach hinten zu machen. Der rechte Arm wird angewinkelt, so dass die rechte Hand dicht neben das Ohr gelangt (Abb. 124).

Abb. 125: Den Affen abwehren – rechts

Gleichzeitig mit der Beckendrehung und dem Schritt nach hinten wird die rechte Hand nach vorn geschoben, wobei sie sich im Handgelenk aufrichtet. Dabei streicht sie vor der Körpermitte dicht über das Handgelenk der linken Hand, die dann seitlich neben die Hüfte sinkt. Beide Hände bewegen sich auf Bogenlinien. Am Ende dieser Bewegung stehen Sie im »leeren Schritt«, die unbelastete rechte Ferse wird nach außen gedreht. Der linke Fuß trägt 90% vom Körpergewicht und zeigt auf 7.30 Uhr, der rechte Fuß trägt die restlichen 10% und zeigt auf 9 Uhr. Der seitliche Abstand zwischen den beiden Füßen beträgt etwa eine Fußbreite (Abb. 125).

Abb. 126: Den Affen abwehren – links

Diese Bewegung wiederholt sich jetzt spiegelbildlich. Das Becken wird auf 7 Uhr gedreht, zugleich wendet sich die rechte Handfläche nach oben. Die linke Hand bewegt sich in einem Halbkreis schräg nach hinten auf 4 bis 5 Uhr und steigt dort bis auf Schulterhöhe empor (Abb. 126).

Abb. 127: Den Affen abwehren – links

Zugleich mit der Beckendrehung zurück nach 9 Uhr wird der linke Ellenbogen gebeugt, so dass die linke Hand seitlich neben den Kopf kommt. Der rechte Fuß löst sich vom Boden, um einen Schritt nach hinten zu machen (Abb. 127).

Wenn das Gewicht auf den rechten Fuß kommt, wird die linke Ferse so ausgedreht, dass der linke Fuß auf 9 Uhr zeigt. Zugleich streicht die linke Hand über die rechte hinweg, die neben die Hüfte absinkt. Die rechte Handfläche zeigt noch immer nach oben. Der ganze Körper bewegt sich nach hinten, nur die linke Hand bleibt vorn, um einen Angreifer abzuwehren. Der Blick geht über die Fingerspitzen der vorderen Hand hinweg (Abb. 128).

Abb. 128: Den Affen abwehren – links

Wiederholen Sie den Schritt mit dem linken Bein, so wie er zu den Abbildungen 123 bis 125 beschrieben wurde (Abb. 129 bis Abb. 131).

Wiederholen Sie den Schritt mit dem rechten Bein, so wie er zu den Abbildungen 126 bis 128 beschrieben wurde (Abb. 132 bis Abb. 134).

Abb. 129:
Den Affen abwehren – rechts

Abb. 130 und 131: Den Affen abwehren – rechts

Abb. 132–134:
Den Affen
abwehren – links

7. Den Vogel beim Schwanz fassen – links

Zu dieser Figur können Sie sich vorstellen, dass Sie einen großen Vogel im linken Arm halten. Zuerst streichen Sie die langen Schwanzfedern mit der rechten Hand aus, dann ziehen Sie mit beiden Händen am Schwanz, danach halten Sie den Vogel am Schwanz fest, zuletzt lassen Sie ihn los und geben ihm einen kleinen Stoß, damit er fortfliegt.

Abb. 135: Den Vogelschwanz fassen – links (Ballhaltung)

Abb. 136: Abwehren – links

Der Oberkörper wird aus dem Becken nach rechts auf 11 Uhr gedreht. Der linke Fuß wird im »Nagelschritt« neben dem rechten aufgesetzt. Die linke Hand zieht im Bogen am Bauch vorbei, wobei sich die Handfläche nach oben wendet. Die rechte Hand steigt im Bogen auf Schulterhöhe, wobei sich die Handfläche nach unten wendet. Sie stehen wieder in der Position »Ballhaltung« rechts, ähnlich wie am Anfang von Figur Nr. 2. Der Blick geht in Richtung 11 Uhr (Abb. 135).

Abb. 137: Abwehren – links

Das Becken dreht sich zurück nach links und der linke Fuß macht einen »Bogenschritt« nach 9 Uhr. Der linke Arm steigt auf Brusthöhe und bleibt in einer bogenförmigen Haltung, während die rechte Hand dicht über das linke Handgelenk streicht (Abb. 136).

Das linke Knie wird gebeugt und das rechte Bein locker gestreckt. Das Gewicht wird zu 60 bis 70% nach vorn auf das linke Bein verlagert, zugleich dreht sich das Becken bis auf 9 Uhr. Die linke Handfläche zeigt zur Brustmitte, während die rechte Hand neben die Hüfte sinkt. Mit der Handfläche zeigt sie nach unten und mit den Fingerspitzen nach vorn. Der Blick geht über den horizontal gehaltenen linken Unterarm hinweg nach 9 Uhr. Diese Position heißt »Abwehren« und ist eine der Grundtechniken aus den Tai-Chi-Partnerübungen (Abb. 137).

Abb. 138: Ziehen – links

Das Becken dreht noch etwas weiter nach links bis auf 8 Uhr. Durch diesen Impuls schwingen beide Arme etwas nach vorn links und drehen sich spiralig. Die linke Handfläche wendet sich nach unten und die rechte nach oben, wobei sie zum linken Ellenbogen hinzeigt (Abb. 138).

Abb. 139: Ziehen – links

Der Körper dreht sich aus dem Becken wieder nach rechts bis auf 11 Uhr und das Gewicht wird zu 70% auf das hintere Bein zurückverlagert. Die Arme folgen dieser Bewegung, die Hände sinken bis auf Bauchhöhe. Stellen Sie sich vor, Sie würden einen Übungspartner am Arm packen und ihn seitlich an sich vorbeiziehen. Diese Technik nennt man »Zurückrollen« oder »Ziehen« (Abb. 139).

Abb. 140: Drücken – links

Der rechte Arm steigt im Bogen bis auf Schulterhöhe, während der linke bis auf Brusthöhe steigt. Die rechte Handfläche zeigt schräg nach oben und die linke wendet sich zur Brust hin. Der Blick geht schräg nach hinten zur rechten Hand auf 1 Uhr (Abb. 140).

Das Becken dreht sich wieder zurück nach links auf 10 Uhr. Das Gewicht wird allmählich wieder von hinten nach vorn verlagert. Zugleich wird der rechte Arm gebeugt und die rechte Hand legt sich auf das linke Handgelenk (Abb. 141).

Abb. 141: Drücken – links

Abb. 142: Drücken – links

Das Gewicht wird zu 60 bis 70% auf das vordere Bein verlagert, wobei sich das linke Knie beugt. Das Becken dreht sich weiter bis auf 9 Uhr. Die rechte Hand schiebt die linke Hand nach vorne, die rechte Handfläche zeigt dabei nach vorn. Der linke Arm wird wieder bogenförmig vor der Brust gehalten, wobei die linke Handfläche nach innen zeigt. Der Blick geht geradeaus in Richtung 9 Uhr. Auch diese Bewegung gehört zu den Grundtechniken der Tai-Chi-Partnerübungen und heißt »Drücken« (Abb. 142).

Abb. 143: Stoßen – links

Beide Handflächen werden so nach unten gewendet, dass die Hände am Handgelenk überkreuzt sind. Die rechte Hand streicht über den linken Handrücken und beide Hände bewegen sich nach außen, bis die Arme parallel zueinander sind (Abb. 143).

Abb. 144: Stoßen – links

Das Gewicht wird zu etwa 80% nach hinten auf das rechte Bein verlagert. Das rechte Knie wird dabei gebeugt und die linke Fußspitze angehoben. Die Ellenbogen sinken, beide Hände werden herangezogen und bis auf Bauchhöhe abgesenkt (Abb. 144).

Das Gewicht wird wieder nach vorn auf das linke Bein verlagert. Das linke Knie beugt sich und das rechte Bein wird locker gestreckt. Die Hände stoßen schräg aufwärts nach vorn bis auf Schulterhöhe, wobei die Ellenbogen jedoch locker bleiben. Die Handflächen stellen sich auf und zeigen nach vorn. Schauen Sie weiterhin auf 9 Uhr. Das »Stoßen« ist die vierte Grundtechnik, die in dieser Figur zum Einsatz kommt, seine Kraft wurzelt im hinteren Bein (Abb. 145).

b. 145: Stoßen – links

8. Den Vogel beim Schwanz fassen – rechts

Dieselbe Bewegungsfolge wird nun spiegelverkehrt zur rechten Seite ausgeführt. Verlagern Sie das Gewicht zurück auf das rechte Bein und drehen Sie das Becken nach rechts bis auf 12 Uhr. Dabei dreht sich der linke Fuß auf der Ferse einwärts. Die rechte Hand macht einen weiten Bogen bis nach 1 Uhr und der Blick folgt ihrer Bewegung (Abb. 146).

Abb. 146: Den Vogelschwanz fassen – rechts (Übergang)

Abb. 147: Abwehren – rechts (Ballhaltung)

Das Gewicht wird auf das linke Bein verlagert, während sich das Becken weiterdreht bis auf 1 Uhr. Der linke Arm wird etwas angewinkelt, und die linke Handfläche wendet sich nach unten. Die rechte Hand sinkt bogenförmig bis unter die linke. Wie an einem unsichtbaren Faden von ihr gezogen, wird der rechte Fuß zum »Nagelschritt« herangesetzt. Sie befinden sich in der Position »Ballhaltung« links (Abb. 147).

Machen Sie einen »Bogenschritt« zur anderen Seite nach 3 Uhr. Drehen Sie das Becken während der Gewichtsverlagerung in dieselbe Richtung. Machen Sie die zuvor beschriebene Armbewegung bis zur in Abbildung 137 gezeigten Position »Abwehren« und vertauschen Sie dabei einfach linke und rechte Hand (Abb. 148 und Abb. 149).

Abb. 148: Abwehren – rechts

Abb. 149: Abwehren – rechts

Abb. 150: Ziehen – rechts

Verlagern Sie das Körpergewicht zurück auf das linke Bein und drehen Sie das Becken nach links auf 1 Uhr. Mit den Händen führen Sie die zu den Abbildungen 138 und 139 beschriebene Technik »Ziehen« aus, nur seitenverkehrt (Abb. 150 und Abb. 151).

Beschreiben Sie mit dem linken Arm einen Halbkreis schräg nach hinten. Drehen Sie das Becken zurück auf 3 Uhr und verlagern Sie dann das Körpergewicht wieder nach vorn auf das rechte Bein. Mit den Armen und Händen führen Sie die schon zu den Abbildungen 140 bis 142 beschriebene Technik »Drücken« aus, nur seitenverkehrt (Abb. 152 bis Abb. 154).

Abb. 151: Ziehen – rechts

Abb. 152:
Drücken – rechts

Abb. 153:
Drücken – rechts

Abb. 154: Drücken – rechts

Verlagern Sie das Körpergewicht erst zurück und dann wieder vor, ohne das Becken zu drehen. Die Hände führen dabei die Technik »Stoßen« aus, die bereits zu den Abbildungen 143 bis 145 beschrieben wurde, wobei rechts und links vertauscht werden. Der Blick geht nach 3 Uhr (Abb. 155 bis Abb. 157).

Abb. 155: Stoßen – rechts

Abb. 156: Stoßen – rechts

Abb. 157: Stoßen – rechts

Abb. 158: Die einfache Peitsche

9. Die einfache Peitsche

Das Gewicht wird zurückverlagert auf das linke Bein, wobei sich die rechte Fußspitze vom Boden löst. Der Oberkörper dreht sich aus dem Becken bis auf 11 Uhr und der rechte Fuß dreht sich mit einwärts. Auch die Arme und der Blick folgen dieser Bewegung nach links. Die linke Hand zieht vor dem Gesicht vorbei und zeigt mit der Handfläche nach außen. Die rechte Hand sinkt bis vor den Bauch, um vor der linken Körperseite wieder aufzusteigen. Stellen Sie sich vor, dass die rechte Hand unsichtbar mit dem rechten Fuß verbunden ist und ihn bis auf 12 Uhr eindreht (Abb. 158).

Das Gewicht wird wieder mehr auf das rechte Bein verlagert und das Becken dreht sich zurück nach rechts bis auf 1 Uhr. Die Arme beschreiben einen gegenläufigen Kreis nach außen. Die rechte Hand steigt bis auf Kopfhöhe und zieht dann nach rechts vor dem Gesicht vorbei, wobei ihr der Blick folgt. Zugleich sinkt die linke Hand und streicht vor dem Bauch entlang. Beide Handflächen zeigen jetzt zum Körper hin (Abb. 159).

Abb. 159: Die einfache Peitsche

Abb. 160: Die einfache Peitsche

Der linke Fuß löst sich vom Boden und wird im »Nagelschritt« neben dem rechten aufgesetzt. Zugleich steigt die linke Hand bis auf Schulterhöhe empor. Die rechte Hand wendet sich nach außen und wird zur »Hakenhand«. Sie hängt locker herab und die fünf Fingerspitzen berühren sich leicht. Der Blick geht nach 1 Uhr (Abb. 160).

Der Körper dreht sich aus dem Becken auf 11 Uhr und der linke Fuß macht einen »Bogenschritt« nach 9 Uhr. Die linke Hand zieht vor dem Gesicht vorbei zur linken Seite (Abb. 161).

Das linke Knie beugt sich und das Gewicht wird zu 60 bis 70% auf das linke Bein verlagert. Das Becken dreht sich weiter bis auf 10 Uhr. Zugleich dreht sich der linke Arm spiralig, so dass sich die linke Handfläche nach außen wendet. Der rechte Arm zeigt etwas schräg nach hinten auf 1 Uhr. Schultern und Ellenbogen sollten locker bleiben. Sie können sich vorstellen, mit der Bewegung der linken Hand eine Peitsche knallen zu lassen (Abb. 162).

Abb. 161: Die einfache Peitsche

Abb. 162: Die einfache Peitsche

10. Die Hände wie Wolken bewegen

Verlagern Sie das Gewicht zurück auf das rechte Bein und drehen Sie das Becken auf 12 Uhr. Die linke Fußspitze wird angehoben, der Fuß dreht auf der Ferse einwärts. Die linke Hand sinkt und streicht mit der Handfläche dicht vor dem Bauch vorbei. Die Bewegung des linken Beins erfolgt synchron zu der des linken Arms. Die Finger der rechten Hand öffnen sich aus der »Hakenhand«-Stellung, die Handfläche wendet sich schräg nach außen. Der Blick geht zur rechten Hand (Abb. 163).

Abb. 163: Die Wolkenhände

Abb. 164: Die Wolkenhände

Das Gewicht wird wieder auf das linke Bein verlagert. Die linke Hand steigt vor der rechten Körperseite nach oben, während die rechte Hand nach unten sinkt (Abb. 164).

Der rechte Fuß löst sich mit der Ferse vom Boden und wird dann dicht neben dem linken Fuß aufgesetzt. Beide Füße stehen parallel zueinander im schmalen Stand mit einer Fußbreite seitlichem Abstand. Die Fußspitzen zeigen auf 12 Uhr. Das Becken dreht sich etwas weiter nach links bis auf 11 Uhr. Die Arme kreisen gegenläufig zueinander. Die linke Hand zieht von rechts nach links vor dem Gesicht vorbei und der Blick folgt dieser Bewegung. Die rechte Hand streicht vor dem Bauch entlang nach links, wo sie wieder emporsteigt. Der Blick geht zur linken Hand, die sich nach außen wendet (Abb. 165).

Abb. 165: Die Wolkenhände

Im schmalen Stand wechselt das Gewicht allmählich vom linken zum rechten Bein und das Becken dreht sich von 11 Uhr auf 1 Uhr. Die kreisende Bewegung der Arme wird fortgesetzt. Die linke Hand sinkt auf Hüfthöhe und streicht dann vor dem Bauch entlang nach rechts. Die rechte Hand zieht in etwa 30 cm Abstand vor dem Gesicht vorbei, ebenfalls von links nach rechts. Beide Handflächen zeigen nach innen, also zum Körper hin. Der Blick folgt der Bewegung von links nach rechts, weil Oberkörper und Kopf die Beckendrehung mitmachen (Abb. 166).

Abb. 166: Die Wolkenhände

Wenn das rechte Bein das ganze Gewicht trägt, macht der linke Fuß einen großen Seitwärtsschritt nach links. Die Füße haben jetzt einen Abstand von anderthalbfacher Schulterbreite und stehen weiterhin parallel zueinander mit nach vorn – auf 12 Uhr – zeigenden Fußspitzen. Zugleich mit dem Schritt wendet die rechte Handfläche nach außen, während die linke Hand bis vor die rechte Schulter emporsteigt. Der Blick geht zur rechten Hand (Abb. 167).

Die nun folgende Gewichtsverlagerung auf das linke Bein wurde bereits zu den Abbildungen 164 und 165 beschrieben. Die Arme kreisen weiter. Und der Blick wendet sich von rechts nach links, der Beckendrehung von 1 Uhr nach 11 Uhr folgend. Der rechte Fuß wird wieder dicht neben dem linken aufgesetzt, auch dabei sollten die Knie immer etwas gebeugt bleiben (Abb. 168 und Abb. 169).

Abb. 167: Die Wolkenhände (Seitwärtsschritt)

Abb. 168:
Die Wolkenhände

Abb. 169:
Die Wolkenhände

Abb. 170: Die Wolkenhände

Der ganze Körper dreht sich wieder nach rechts auf 1 Uhr, wie zu den Abbildungen 166 und 167 erläutert. Am Ende dieser Bewegung wendet sich die rechte Handfläche nach außen und der linke Fuß macht einen weiteren großen Seitwärtsschritt nach links (Abb. 170 und Abb. 171).

Abb. 171:
Die Wolkenhände
(Seitwärtsschritt)

Der Körper dreht sich zurück nach links auf 11 Uhr und der rechte Fuß wird zum schmalen Stand nachgesetzt. Die Arme beginnen mit einem dritten Auswärtskreis in gegenläufiger Richtung. Der Blick folgt jeweils der Bewegung der oberen Hand (Abb. 172 und Abb. 173).

Abb. 172: Die Wolkenhände

Abb. 173: Die Wolkenhände

11. Die einfache Peitsche

Das Gewicht wird auf das rechte Bein verlagert, während sich das Becken nach rechts auf 1 Uhr dreht. Am Ende dieser Bewegung löst sich die linke Ferse etwas vom Boden. Die linke Hand kreist weiter vor dem Bauch entlang und steigt bis vor die rechte Schulter. Die rechte Hand zieht vor dem Gesicht vorbei und der Blick folgt ihr dabei von links nach rechts. Die rechte Handfläche wendet sich nach außen und die Finger formen sich zur »Hakenhand«. Die Bewegung des rechten Arms ähnelt etwas dem Auswerfen einer Angel (Abb. 174).

Es folgt die bereits zu den Abbildungen 161 und 162 beschriebene Bewegung der ersten »Peitsche«. Der Körper dreht sich aus dem Becken auf 11 Uhr und der linke Fuß macht einen »Bogenschritt« nach 9 Uhr. Die linke Hand zieht vor dem Gesicht vorbei zur linken Seite (Abb. 175).

Abb. 174:
Die einfache Peitsche

Abb. 175: Die einfache Peitsche

Abb. 176: Die einfache Peitsche

Das linke Knie beugt sich und das Gewicht wird zu 60 bis 70% auf das linke Bein verlagert. Das Becken dreht sich weiter bis auf 10 Uhr. Zugleich dreht sich der linke Arm spiralig und die Handfläche wendet sich nach außen. Der rechte Arm zeigt etwas schräg nach hinten auf 1 Uhr. Der Blick geht über die Fingerspitzen der linken Hand hinweg nach 9 Uhr (Abb. 176).

12. Das Pferd am Hals klopfen

Das Gewicht wird ganz auf das linke Bein verlagert, so dass der rechte Fuß einen halben Schritt nach vorn machen kann, um seitlich hinter dem linken Fuß wieder aufzusetzen. Das Becken dreht sich etwas nach rechts auf 11 Uhr. Die »Hakenhand« öffnet sich und beide Handflächen werden nach oben gewendet. Schultern und Ellenbogen sollten locker bleiben. Die linke Ferse löst sich leicht vom Boden und der Blick geht kurz zur rechten Hand (Abb. 177).

Abb. 177: Das Pferd am Hals klopfen

Das Becken dreht sich zurück nach links bis auf 9 Uhr. Der rechte Arm wird im Ellenbogen gebeugt, so dass die rechte Hand am Ohr vorbei nach vorn stoßen kann. Zugleich sinkt die linke Hand neben die Hüfte, wobei die Handfläche weiter nach oben zeigt. Der linke Fuß wird im »leeren Schritt« mit dem Fußballen aufgesetzt. Vordere Fußspitze, Bauchnabel und Nasenspitze zeigen auf 9 Uhr (Abb. 178).

Abb. 178: Das Pferd am Hals klopfen

13. Stoß mit der rechten Ferse

Die linke Hand steigt schräg nach vorn und kreuzt über das rechte Handgelenk. Der linke Fuß löst sich vom Boden und das Becken dreht ein wenig nach rechts (Abb. 179).

Abb. 179: Rechter Fersenstoß (Übergang)

Abb. 180: Rechter Fersenstoß (Übergang)

Machen Sie mit dem linken Fuß einen »Bogenschritt« nach 8 Uhr und drehen Sie das Becken in dieselbe Richtung. Die linke Handfläche wendet sich nach unten und beide Hände ziehen seitlich auseinander (Abb. 180).

Während das Gewicht auf das linke Bein verlagert wird, beschreiben die Hände einen Halbkreis nach außen und unten. Vor dem Bauch kreuzt die rechte Hand unter der linken, wobei die Handflächen schräg zum Körper zeigen. Dehnen Sie die Arme etwas nach vorn aus und stellen Sie sich vor, einen Ballon mit ihnen zu umfassen. Zugleich setzt der rechte Fuß im »Nagelschritt« neben dem linken auf (Abb. 181).

Abb. 181: Rechter Fersenstoß

Die gekreuzten Hände steigen bis auf Schulterhöhe. Zugleich wird das rechte Bein angehoben, bis das angewinkelte Knie sich auf Hüfthöhe befindet. Die Handflächen werden nach außen gewendet, während sich das rechte Bein aus dem Hüftgelenk nach außen öffnet. Dabei dreht sich das Becken von 8 auf 9 Uhr. Der Blick wendet sich nach rechts auf 10.30 Uhr (Abb. 182).

Abb. 182: Rechter Fersenstoß

Strecken Sie das rechte Bein aus, und zwar nach 10.30 Uhr, wobei die Fußspitzen angezogen sind und die tretende Kraft von der Ferse kommt. Gleichzeitig beschreiben beide Hände auf Schulterhöhe einen Halbbogen nach außen. In der Endposition befindet sich die rechte Hand über dem rechten Knie, während der linke Arm etwa nach 6 Uhr zeigt, damit Sie das Gleichgewicht besser halten können. Beide Knie sollten etwas locker bleiben. Der Blick geht in die Richtung des Fersenstoßes (Abb. 183).

Abb. 183: Rechter Fersenstoß

14. Auf die Ohren schlagen

Abb. 184:
Auf die Ohren schlagen

Halten Sie die Balance auf dem linken Bein und lassen Sie den rechten Fuß sinken, bis der Unterschenkel senkrecht herabhängt. Das Becken dreht sich nach rechts auf 10.30 Uhr und der linke Arm folgt dieser Bewegung. Die Hände sinken bis auf Bauchhöhe, wobei die Handflächen sich nach oben wenden (Abb. 184).

Sinken Sie etwas im linken Knie ein und setzen Sie den rechten Fuß mit der Ferse in der diagonalen Richtung – nach 10.30 Uhr – auf, um einen »Bogenschritt« auszuführen. Die Hände sinken seitlich bis neben die Hüften (Abb. 185).

Abb. 185:
Auf die Ohren schlagen

Abb. 186: Auf die Ohren schlagen

Abb. 187: Auf die Ohren schlagen

Beide Hände werden zu lockeren Fäusten geballt, bei denen die Daumen außen anliegen. Während das Körpergewicht vom linken zum rechten Bein hin verlagert wird, beschreiben die Fäuste einen Halbkreis nach außen und nach oben (Abb. 186).

In Kopfhöhe kommen die Fäuste mit einwärts gedrehten Knöcheln dicht zusammen, so als ob man einem Gegner von links und rechts auf die Ohren schlägt. Lassen Sie Schultern und Ellenbogen locker und vermeiden Sie es, den Oberkörper vorzuneigen (Abb. 187).

15. Drehen und Stoß mit der linken Ferse

Verlagern Sie das Gewicht zurück auf das linke Bein und lösen Sie die rechte Fußspitze vom Boden. Der Körper dreht sich aus dem Becken nach links bis nach 6 Uhr, der rechte Fuß dreht auf der Ferse mit und zeigt auf 7 Uhr. Gleichzeitig werden die Fäuste geöffnet und die Hände trennen sich seitlich voneinander. Beide Handflächen zeigen auf Schulterhöhe nach außen und die linke Hand macht einen weiten Bogen zur linken Seite (Abb. 188).

Abb. 188: Linker Fersenstoß (Drehung)

Abb. 189: Linker Fersenstoß

Das Gewicht wird auf das rechte Bein verlagert. Der linke Fuß löst sich vom Boden und wird im »Nagelschritt« neben dem rechten aufgesetzt. Zugleich beschreiben beide Hände einen Auswärtskreis und sinken nach unten. Vor dem Bauch kreuzt die linke Hand unter das rechte Handgelenk. Dabei zeigen die Handflächen nach innen (Abb. 189 bis Abb. 191).

Abb. 190: Linker Fersenstoß

Abb. 191: Linker Fersenstoß (Ansicht von hinten)

Abb. 192: Linker Fersenstoß

Die folgende Bewegung ist spiegelverkehrt zu der beim »Stoß mit rechter Ferse« auf den Abbildungen 182 und 183 gezeigten. Die gekreuzten Hände steigen bis auf Schulterhöhe. Zugleich wird das linke Bein angehoben, bis das angewinkelte Knie sich auf Bauchhöhe befindet. Die Handflächen werden nach außen gewendet und das linke Bein öffnet sich aus dem Hüftgelenk nach außen. Der Blick wendet sich nach links auf 4.30 Uhr (Abb. 192).

Strecken Sie das linke Bein aus – nach 4.30 Uhr –, wobei die Fußspitzen angezogen sind und die tretende Kraft von der Ferse kommt. Zugleich beschreiben beide Hände auf Schulterhöhe einen Halbbogen nach außen. In der Endposition befindet sich die linke Hand über dem linken Knie, während der rechte Arm etwa nach 9 Uhr zeigt. Der Blick geht in die Richtung des Fersenstoßes (Abb. 193).

Abb. 193: Linker Fersenstoß

16. Die gehockte Peitsche links (Schlange und Goldener Hahn)

Halten Sie die Balance auf dem rechten Bein und lassen Sie den linken Fuß sinken, bis der Unterschenkel senkrecht nach unten hängt. Das Becken wird etwas nach rechts auf 7 Uhr gedreht. Zugleich wird die linke Hand vor dem Gesicht vorbei im Bogen nach rechts geführt, bis die Handfläche dicht vor dem rechten Oberarm ankommt. Die rechte Hand hängt locker herab und wird zur »Hakenhand«. Der Blick geht zur rechten Hand (Abb. 194).

Abb. 194: Die Schlange kriecht nach unten – links

Das rechte Knie wird gebeugt und der linke Fuß macht einen weiten Seitwärtsschritt nach links. Er wird etwas weiter hinten aufgesetzt, so dass sich die linke Fußspitze auf einer Linie mit der rechten Ferse befindet. Beide Fußspitzen sind dabei leicht nach außen geöffnet (zur speziellen Fußstellung bei der Schlange vgl. Abb. 79). Das Gewicht lastet zu 70% auf dem rechten Bein (Abb. 195).

Abb. 195: Die Schlange kriecht nach unten – links

Das Becken dreht sich nach links auf 4.30 Uhr und der linke Fuß dreht sich auf der Ferse nach 3 Uhr. Das Gesäß sinkt nach unten, wobei das Körpergewicht noch über dem gebeugten rechten Bein bleibt. Achten Sie darauf, dass das rechte Knie in Richtung zur Fußspitze zeigt und die Hüftgelenke sich weit öffnen. Die linke Hand schiebt sich mit dem Handrücken an der Innenseite des linken Beines entlang nach vorn und der Blick folgt ihr. Der rechte Arm zeigt weiter nach 7 Uhr und bildet mit der »Hakenhand« eine Art von Gegengewicht für die Balance. Achten Sie darauf, dass Sie sich mit dem Oberkörper nicht zu weit vorneigen. Diese Bewegung nennt man: »Die Schlange kriecht nach unten« (Abb. 196).

Abb. 196: Die Schlange kriecht nach unten – links

Abb. 197: Der goldene Hahn steht auf einem Bein

Das Gewicht wird allmählich vom rechten auf das linke Bein verlagert. Der rechte Fuß wird auf der Ferse eingedreht und das Becken dreht sich auf 3 Uhr. Zugleich kommt der Körper wieder aus der tiefen Stellung zurück nach oben. So stehen Sie in einer etwas verlängerten »Bogenschritt«-Position, bei der die Füße einen Winkel von 45° bilden. Die linke Hand bewegt sich schräg nach vorn und oben, wobei die Handfläche nach rechts zeigt. Synchron zur Einwärtsdrehung in der rechten Hüfte und Schulter dreht sich der rechte Arm spiralig. Die »Hakenhand« kommt dadurch in die umgekehrte Position mit nach oben zeigenden Fingerspitzen (Abb. 197).

Die linke Fußspitze wird um 45° nach außen gedreht und die linke Handfläche wendet sich nach unten. Drücken Sie mit der linken Hand nach unten und bringen Sie das ganze Körpergewicht auf das linke Bein. Zugleich öffnet sich die rechte Hand und schwingt am Bein vorbei nach vorn. Stellen Sie sich vor, dass sie das rechte Knie wie an einem unsichtbaren Faden hinter sich herzieht. Der rechte Fuß löst sich vom Boden und das rechte Bein wird vorgezogen. Das rechte Knie wird gebeugt und angehoben, bis der Oberschenkel horizontal in der Luft steht. Unterschenkel und Fuß hängen locker herab. Der rechte Ellenbogen befindet sich dicht über dem rechten Oberschenkel, die rechte Handfläche zeigt nach links. Der Blick geht über die Fingerspitzen hinweg nach 3 Uhr. Diese Stellung nennt man: »Der goldene Hahn steht auf einem Bein« (Abb. 198).

Abb. 198: Der goldene Hahn steht auf einem Bein

Abb. 199: Die Schlange kriecht nach unten (Übergang)

17. Die gehockte Peitsche rechts (Schlange und Goldener Hahn)

Der rechte Fuß wird auf dem Fußballen aufgesetzt. Der Körper dreht sich aus dem Becken nach links bis auf 12 Uhr, beide Füße drehen sich auf den Fußballen mit. Die linke Hand bildet eine »Hakenhand« und wird bis auf Schulterhöhe angehoben. Die rechte Hand macht synchron zur Körperdrehung einen weiten Bogen vor dem Gesicht vorbei zur linken Seite. Die rechte Handfläche zeigt zum linken Oberarm, der Blick geht zur linken Hand auf 11 Uhr (Abb. 199 und Abb. 200).

Abb. 200: Die Schlange kriecht nach unten – rechts

Abb. 201:
Die Schlange kriecht nach unten – rechts

Die folgende Bewegung ist spiegelverkehrt zu der in der vorherigen Figur ausführlich beschriebenen. Der rechte Fuß löst sich vom Boden und macht einen weiten Schritt zur rechten Seite. Achten Sie dabei wieder auf die richtige Fußstellung (Abb. 201).

Das Becken dreht sich nach rechts auf 1.30 Uhr und der rechte Fuß dreht sich auf 3 Uhr. Lassen Sie das Gesäß über dem linken Bein sinken, soweit es Ihnen mühelos möglich ist. Der Oberkörper darf sich nur leicht vorneigen. Der Blick folgt der rechten Hand, die sich am rechten Bein entlang schräg nach unten bewegt. Der linke Arm mit der »Hakenhand« bildet das Gegengewicht dazu. Bei der Figur »Die Schlange kriecht nach unten« soll man sich geschmeidig wie eine Schlange bewegen. Man kann sich auch die Bewegung des rechten Arms wie die einer Schlange vorstellen (Abb. 202).

Das Gewicht wird vom linken auf das rechte Bein verlagert, der linke Fuß wird auf der Ferse auf 1.30 Uhr eingedreht. Becken und Oberkörper drehen sich weiter auf 3 Uhr. Sie kommen in einen langen »Bogenschritt«. Die rechte Hand steigt schräg nach vorn bis auf Schulterhöhe, die linke Hand wendet sich nach oben, wobei die Fingerspitzen noch immer den »Haken« bilden. Der Blick geht nach 3 Uhr (Abb. 203).

Abb. 202: Die Schlange kriecht nach unten – rechts

Abb. 203: Der goldene Hahn steht auf einem Bein

Die rechte Fußspitze wird um 45° nach außen gedreht und die rechte Handfläche wendet sich nach unten. Drücken Sie mit der rechten Hand nach unten und bringen Sie das ganze Körpergewicht auf das rechte Bein. Die linke Hand schwingt synchron mit dem linken Bein nach vorn. Das linke Knie wird hochgezogen, Unterschenkel und Fuß hängen locker herab. Der linke Ellenbogen befindet sich dicht über dem linken Oberschenkel, die linke Handfläche zeigt nach rechts. Das Standbein bleibt ein wenig im Knie gebeugt (Abb. 204).

Abb. 204: Der goldene Hahn steht auf einem Bein

18. Das Weberschiffchen schleudern – rechts und links

Drehen Sie das Becken auf 2 Uhr und machen Sie mit dem linken Fuß einen kleinen Schritt in diese Richtung. Beide Knie werden etwas mehr gebeugt und der rechte Fuß wird zum »Nagelschritt« herangezogen. Zugleich wird die linke Handfläche nach unten und die rechte nach oben gewendet, während der rechte Arm sich mit der Körperdrehung nach links bewegt. So kommen Sie wieder in die Position »Ballhaltung« links (Abb. 205).

Das Becken dreht sich auf 4 Uhr und der rechte Fuß macht einen »Bogenschritt« in diese Richtung. Achten Sie auch in der diagonalen Richtung auf den korrekten seitlichen Abstand der Füße von 20 bis 30 cm. Während

Abb. 205:
Das Weberschiffchen – rechts (Ballhaltung)

Abb. 206: Das Weber-schiffchen – rechts

Abb. 207: Das Weber-schiffchen – rechts

der Gewichtsverlagerung nach vorn auf das rechte Bein bewegt sich die rechte Hand bogenförmig nach oben bis etwas über Kopfhöhe, wo die Handfläche sich nach außen wendet. Die linke Hand sinkt zunächst etwas und führt dann im Einklang mit der Beckendrehung eine stoßende Bewegung nach vorn aus. In der Endposition befindet sich die linke Hand auf Schulterhöhe und die rechte Hand schützt den Kopf vor einem Schlag von oben. Achten Sie darauf, den Oberkörper nicht zu verschrauben und die Ellenbogen etwas gebeugt zu halten. Der Blick geht nach 4 Uhr (Abb. 206 und Abb. 207).

Abb. 208: Das Weberschiffchen – links (Ballhaltung)

Abb. 209: Das Weberschiffchen – links (Ballhaltung)

Das Gewicht wird zurückverlagert auf das linke Bein und die rechte Fußspitze wird etwas angehoben. Beide Arme sinken ein wenig, wobei die linke Hand unter die rechte geführt wird. Die beiden Handflächen drehen sich zueinander hin (Abb. 208).

Das Gewicht wird wieder auf das rechte Bein verlagert und der linke Fuß wird im »Nagelschritt« neben dem rechten aufgesetzt. Sie befinden sich in der Position »Ballhaltung« rechts (Abb. 209).

Abb. 210: Das Weberschiffchen – links

Es folgt die spiegelbildliche Bewegung schräg zur linken Seite. Das Becken dreht sich auf 2 Uhr und der linke Fuß macht einen »Bogenschritt« in diese Richtung. Während der Gewichtsverlagerung nach vorn auf das linke Bein bewegt sich die linke Hand bogenförmig nach oben. Auf Höhe des Kopfes wird sie nach außen gewendet und schützt den Kopf. Die rechte Hand stößt synchron zur Beckendrehung nach vorn. Der Blick geht über die rechte Hand hinweg nach 2 Uhr (Abb. 210 und Abb. 211).

Abb. 211: Das Weberschiffchen – links

19. Die Nadel auf dem Meeresgrund

Das Gewicht wird ganz auf den linken Fuß verlagert und der rechte Fuß macht einen halben Schritt vor, ähnlich wie in den Figuren Nr. 3, 5 und 12. Dann wird das Gewicht wieder zurück auf den rechten Fuß verlagert und das Becken dreht sich nach rechts bis auf 4.30 Uhr. Beide Arme sinken schräg nach rechts unten und führen eine ziehende Bewegung aus. Dabei zeigt die linke Handfläche nach unten und die rechte wendet sich nach oben (Abb. 212).

Abb. 212: Die Nadel auf dem Meeresgrund

Wenn das Gewicht ganz auf dem rechten Bein lastet, wird der linke Fuß etwas angehoben, um einen »leeren Schritt« nach vorn zu machen. Zugleich steigt die rechte Hand im Bogen aufwärts bis seitlich neben den Kopf, während die linke Hand auf Bauchhöhe etwas nach rechts mitschwingt. Die rechte Handfläche zeigt nach links, die linke weiterhin nach unten (Abb. 213).

Abb. 213: Die Nadel auf dem Meeresgrund

Abb. 214: Die Nadel auf dem Meeresgrund

Der Körper dreht sich aus dem Becken zurück auf 3 Uhr, wohin auch die linke Fußspitze zeigt. Gleichzeitig streicht die linke Hand vor dem Bauch zurück nach links bis neben die Hüfte. Die Fingerspitzen zeigen nach vorn. Der Oberkörper neigt sich leicht nach vorn, während die rechte Hand mit den Fingerspitzen voran schräg nach unten sinkt bis auf Höhe des Oberschenkels. Beide Knie sind gebeugt, das rechte mehr als das linke. Das Gewicht ruht zu 90% auf dem rechten Bein. Der Blick geht schräg nach vorn zur Erde (Abb. 214).

20. Die Arme wie einen Fächer ausbreiten

Richten Sie den Oberkörper wieder auf und lassen Sie die Arme aufwärts steigen. Die rechte Hand steigt auf Kopfhöhe, die Fingerspitzen zeigen nach vorn. Die Finger der linken Hand legen sich auf das Handgelenk der rechten (Abb. 215).

Abb. 215: Die Arme wie einen Fächer ausbreiten

Der linke Fuß löst sich vom Boden und macht einen »Bogenschritt« nach 3 Uhr. Mit der Gewichtsverlagerung nach vorn dreht sich das Becken in eine schräge Position und zeigt auf 4.30 Uhr. Zugleich ziehen die Arme in entgegengesetzter Richtung auseinander wie ein sich öffnender Fächer. Die linke Hand stößt nach vorn, ähnlich wie bei der »Peitsche« (vgl. Figur Nr. 9 und 11). Sie wird dabei etwas spiralig gedreht, so dass die Handfläche schräg nach vorn zeigt. Achten Sie darauf, dass der linke Ellenbogen locker bleibt. Die rechte Hand wird synchron zur Beckendrehung bis neben die Schläfe zurückgezogen. Dabei wird der rechte Ellenbogen angewinkelt und die Handfläche nach außen gewendet. Der

Blick geht über die Fingerspitzen der linken Hand nach 3 Uhr (Abb. 216).

Abb. 216: Die Arme wie einen Fächer ausbreiten

21. Drehen, Abwehren nach unten, Parieren und Fauststoß

In dieser Figur werden vier Techniken aneinander gereiht. Zunächst wird das Gewicht auf das rechte Bein zurückverlagert. Das Becken dreht sich auf 6 Uhr, und der linke Fuß dreht sich auf der Ferse möglichst weit einwärts. Die Arme beschreiben einen Halbkreis im Uhrzeigersinn, wobei sich die rechte Hand etwas schneller als die linke bewegt. Die linke Hand schützt den Kopf, die rechte Hand wird zur Faust und bis vor den Bauch geführt (Abb. 217 und Abb. 218).

Abb. 217: Drehen

Abb. 218: Drehen (Ansicht von hinten)

Abb. 219: Abwehren nach unten

Das Gewicht wird auf das linke Bein verlagert, so dass sich die rechte Ferse vom Boden lösen kann. Das Becken dreht sich weiter nach rechts auf 8 Uhr. Die linke Hand setzt den Kreis fort und sinkt abwärts. Gleichzeitig kreist die Fausthand innen am linken Ellenbogen vorbei aufwärts. Der Handrücken zeigt dabei nach oben (Abb. 219 und Abb. 220).

Abb. 220: Abwehren nach unten (Ansicht von hinten)

Die Fausthand vollendet den Kreis und führt mit dem Handrücken einen Schlag nach unten bis auf Brusthöhe aus. Die linke Hand sinkt derweil neben die linke Hüfte, wobei die Handfläche nach unten ausgerichtet ist und die Fingerspitzen nach vorn zeigen. Gleichzeitig wird der rechte Fuß leicht mit der Ferse aufgesetzt, wobei die Fußspitze etwas nach außen gedreht wird. Der Blick geht nach 9 Uhr, in die Richtung des Faustschlags (Abb. 221).

Abb. 221: Abwehren nach unten

Das Becken dreht sich ebenso wie der rechte Fuß weiter nach rechts bis auf 10.30 Uhr. Das Gewicht wird auf das rechte Bein verlagert und der linke Fuß macht einen »Bogenschritt« nach 9 Uhr. Die linke Hand pariert einen fiktiven Angriff. Dazu beschreibt sie einen horizontalen Halbkreis nach außen und vorn, bis die Handfläche auf Schulterhöhe schräg nach rechts zeigt. Zugleich bewegt sich die Fausthand in einem kleineren Kreis bis neben die rechte Hüfte. Dabei zeigt der Handrücken nach unten (Abb. 222 und Abb. 223).

Abb. 222: Parieren

Abb. 223: Parieren

Verlagern Sie das Gewicht zu 60 bis 70% auf das linke Bein und führen Sie einen Fauststoß auf Brusthöhe nach 9 Uhr aus. Die Kraft dafür kommt vom hinteren Bein und aus dem Becken, das sich nach vorn – auf 9 Uhr – zurückdreht. Der rechte Arm macht dabei eine spiralige Bewegung, so dass der rechte Handrücken in der Endposition nach außen zeigt. Zugleich wird die linke Hand etwas zurückgezogen, so dass die Handfläche zum rechten Ellenbogen zeigt. Die Faust sollte nicht zu stark geballt sein und der rechte Arm bleibt leicht gebeugt. Der Blick geht nach vorn über die Faust hinweg (Abb. 224).

Abb. 224: Fauststoß

Abb. 225: Zurückziehen und Stoßen

22. Zurückziehen und Stoßen

Die linke Hand kreuzt unter den rechten Unterarm, die Faust der rechten Hand öffnet sich wieder und der rechte Ellenbogen sinkt etwas. Beide Handflächen werden nach oben gewendet und die Hände sind am Handgelenk überkreuzt (Abb. 225).

Das Gewicht wird zurückverlagert auf das rechte Bein. Dabei werden die Hände seitlich getrennt und zurückgezogen (Abb. 226).

Abb. 226:
Zurückziehen und Stoßen

Abb. 227: Zurückziehen und Stoßen

Das rechte Knie wird gebeugt und die vordere Fußspitze angehoben, wobei etwa 80% des Körpergewichts auf dem hinteren Bein lasten. Die Arme drehen sich spiralig, so dass die Handflächen schräg nach unten zeigen. Zugleich sinken die Hände bis vor die Hüften ab. Achten Sie darauf, die Ellenbogen nicht zu weit nach hinten zu ziehen (Abb. 227).

Verlagern Sie das Körpergewicht wieder nach vorn und führen Sie mit den Händen einen Stoß aus, so wie zur Abbildung 145 beschrieben. In der Endposition befinden sich die Hände auf Schulterhöhe, die Handflächen zeigen nach vorn und der Blick geht nach 9 Uhr (Abb. 228).

Abb. 228: Zurückziehen und Stoßen

Abb. 229: Die Hände kreuzen

Abb. 230: Die Hände kreuzen

23. Die Hände kreuzen

Das Gewicht wird zurückverlagert auf das rechte Bein und der Körper dreht sich aus dem Becken nach rechts bis auf 1 Uhr. Die Füße werden kurz nacheinander gedreht, erst der linke Fuß einwärts auf 12 Uhr und dann der rechte auswärts auf 1.30 Uhr. Zugleich folgen die Hände dieser Drehung auf Schulterhöhe in einem Halbbogen und ziehen dabei seitwärts auseinander (Abb. 229).

Das rechte Knie wird gebeugt und das linke locker gestreckt. Sie kommen noch einmal in eine »Bogenschritt«-Position. Die linke Hand zeigt nach 10.30 Uhr und die rechte nach 1.30 Uhr. Beide Handflächen zeigen nach außen und die Ellenbogen sind leicht gebeugt. Der Blick geht zur rechten Hand (Abb. 230).

Das Gewicht wird wieder auf das linke Bein verlagert und das Becken dreht sich auf 12 Uhr. Der rechte Fuß löst sich vom Boden und wird parallel zum linken im schulterbreiten Abstand neben diesem aufgesetzt. Beide Hände sinken in einer schaufelförmigen Bewegung bis vor den Bauch, wo die rechte Hand unter die linke kreuzt. Die Handflächen zeigen schräg nach oben. Der Blick geht nach vorn auf 12 Uhr (Abb. 231).

Abb. 231: Die Hände kreuzen

Die gekreuzten Hände steigen langsam bis auf Schulterhöhe. Dabei sollten die Arme gerundet gehalten werden, so als ob man einen Ballon umfasst. Die Handflächen zeigen dabei nach innen. Zugleich werden die Knie allmählich gestreckt, so dass der Körper wieder in die normale Bewegungshöhe zurückkehrt (Abb. 232).

Abb. 232: Die Hände kreuzen

24. Der Abschluss

Abb. 233: Der Abschluss

Die gekreuzten Hände werden gewendet, so dass die Handflächen nach unten zeigen, und dann seitlich auseinander gezogen, bis die Arme parallel zueinander sind (Abb. 233).

Abb. 234: Der Abschluss

Die Arme sinken langsam abwärts, bis die Hände seitlich neben den Hüften ankommen (Abb. 234).

Der linke Fuß löst sich vom Boden und wird dicht neben dem rechten wieder aufgesetzt. Die Arme drehen sich leicht einwärts, so dass die Handflächen zu den Hüften zeigen. Schauen Sie entspannt in die Weite und nehmen Sie einige tiefe Atemzüge, bevor

Sie die Übung beenden. Sie können auch die Augen schließen und nach innen zum Dan Tian spüren, um das Qi im Unterbauch zu sammeln (Abb. 235).

Abb. 235: Der Abschluss